K.
L.
A.
R.

Petra Bartoli y Eckert

Meine Mutter säuft doch nicht!

K.
L.
A.
R.

Kurz – **L**eicht – **A**ktuell – **R**eal

Impressum

Titel **Meine Mutter säuft doch nicht!**
Autorin Petra Bartoli y Eckert
Titelbildmotiv © kashamara/photocase.com
Druck DRUCKZONE, Cottbus
Verlag Verlag an der Ruhr
Alexanderstr. 54 – 45472 Mülheim an der Ruhr
Postfach 102251 – 45422 Mülheim an der Ruhr
Tel. 02 08/439 54 50 – Fax 0208/439 54 239

ISBN 978-3-8346-0642-6

geeignet für die Klasse 6 7 8 9 10

Die Schreibweise der Texte folgt der neuesten Fassung der Rechtschreibregeln – gültig seit August 2006.

Begleitendes Unterrichtsmaterial:

K.L.A.R. – Literatur-Kartei:
„Meine Mutter säuft doch nicht!“
Petra Bartoli y Eckert
Kl. 7–10, 64 S., A4, Papph.
ISBN 978-3-8346-0643-3
Best.-Nr. 60643

Über die Autorin

Bevor du dieses Buch liest, möchte ich mich dir kurz vorstellen. Mein Name ist Petra Bartoli y Eckert. Ich bin 35 Jahre alt. Mit meiner Familie und unseren Meerschweinchen lebe ich in der Nähe von Regensburg. Ich bin Sozialpädagogin und habe viele Jahre mit Kindern und Jugendlichen gearbeitet, die so große Probleme hatten, dass sie nicht zu Hause leben konnten und in einem Heim wohnten.
Mittlerweile arbeite ich als Autorin, schreibe Bücher und Texte für Kinder, Jugendliche und für Menschen, die mit ihnen arbeiten. Obwohl ich soviel mit Büchern zu tun habe, ist mein liebstes Hobby immer noch das Lesen. Wenn ich frei habe, dann reise ich mit meiner Familie, besonders gerne nach Italien und Spanien.

Während meiner Arbeit im Heim habe ich Kinder und Jugendliche kennen gelernt, deren Eltern ein Alkoholproblem hatten.
Ich habe das Buch geschrieben, weil ich mir gut vorstellen kann, wie es Jugendlichen in

so einer Situation geht. Menschen mit Alkoholproblemen sind krank und brauchen Hilfe. Aber auch die Familienmitglieder der Alkoholkranken brauchen Unterstützung.

Dieses Buch soll zeigen, dass man bei Problemen den Mut haben soll, mit anderen darüber zu reden. Alleine ist man bei manchen Schwierigkeiten hilflos. Aber es gibt immer Menschen, die einem helfen können, einen Weg zu finden. Oder die Anlaufstellen und Hilfsangebote kennen, an die man sich wenden kann.

Ich wünsche dir viel Spaß beim Lesen und grüße dich herzlich!

Petra Bartoli y Eckert

1

Flehend sah Svenja Pauline an.
„Es geht wirklich nicht. Du kannst nicht mit nach oben kommen. Vielleicht ein anderes Mal“, erklärte sie ihrer Freundin.
Die beiden standen vor dem blauen Wohnblock in der Seestraße. Dort wohnte Svenja im fünften Stock.
„Mein Zimmer ist heute überhaupt nicht aufgeräumt.“
Ihre Freundin Pauline grinste.
„War es das schon jemals?“, fragte sie.
„Und meiner Mutter geht es nicht so gut. Sie war heute Morgen krank. Bestimmt liegt sie noch im Bett und braucht Ruhe“, stotterte Svenja.
Endlich nickte Pauline. Erleichtert atmete Svenja auf.
„Na gut. Wenn ich nicht mit hoch zu dir kann, dann gehe ich wohl besser nach Hause.“
Ein bisschen beleidigt klang Pauline schon. Aber das war Svenja egal. Hauptsache, sie kam nicht mit in ihre Wohnung.
„Also dann, bis morgen in der Schule“, verabschiedete sich Pauline. Dann drehte sie

sich um und ging. Svenja sah ihrer Freundin nach. Irgendwie fühlte sie sich wie eine Verräterin. Freundinnen haben keine Geheimnisse voreinander. Aber Svenja konnte nicht anders. Darüber konnte sie einfach nicht reden.

Sie wusste nicht, was sie heute in der Wohnung erwarten würde. Am Morgen hatte Svenjas Mutter noch tief und fest geschlafen. Sie selbst war wie immer alleine aufgestanden. Und sie hatte wie jeden Tag schon vor dem Frühstück aufgeräumt. Sie hatte Aschenbecher ausgeleert, die herumliegenden Klamotten gleich in die Waschmaschine gesteckt und alle leeren Flaschen in den Sammelkorb unter der Spüle gestellt. Dabei hatte sie einen ziemlichen Krach gemacht. Aber ihre Mutter war davon nicht aufgewacht. Sie hatte nicht einmal reagiert, als Svenja laut: „Tschau, ich geh dann!“ gerufen hatte. Dann war Svenja zur Schule gegangen.

Svenja öffnete die Tür. In der Wohnung war es leise. An manchen Tagen erwartete Mama sie mittags gut gelaunt. Dann hatte sie die Wäsche selbst aus der Maschine genommen und aufgehängt. Und sie hatte die Wohnung gelüftet. Statt nach kaltem Rauch roch es dann nach leckerem Essen. Oder ihre Portion stand im Kühlschrank, wenn die Mutter schon bei der Arbeit war. Und ein Zettel lag auf dem Tisch.
„Lass es dir schmecken. Bis später. Mama", stand an solchen Tagen darauf.
Doch dass ihre Mutter kochte, kam immer seltener vor. Auch heute konnte Svenja nichts riechen außer abgestandener Luft.
„Hallo, Mama! Ich bin wieder zu Hause", rief Svenja in die Wohnung hinein.
Niemand grüßte zurück. Sie schloss die Tür hinter sich und kickte ihre Flipflops in die Ecke. Ihre nackten Füße machten bei jedem Schritt ein schmatzendes Geräusch. Auf den angenehm kühlen Fliesen ging Svenja zum Wohnzimmer. Durch die angelehnte Tür hörte sie ein leises Schnarchen. Aha! Also schlief Mama auf der Couch. Das bedeutete, dass sie schon von der Arbeit zurück war. Dabei

hatte sie heute die späte Schicht. Svenja war sich ganz sicher. Da saß ihre Mutter sonst bis acht Uhr abends an der Kasse des Drogeriemarktes. Bestimmt war sie früher gegangen. Das kam mittlerweile häufiger vor. Einmal hatte Mama angeblich Kopfschmerzen. Ein anderes Mal war es ein dringender Arzttermin. Svenja schlich rückwärts in den Flur zurück. Die Wohnzimmertür zog sie leise zu. Dann ging sie in die Küche, um sich ein Brot zu schmieren. Solange ihre Mutter schlief, konnte Svenja tun, als ob alles in Ordnung wäre.

2

Svenja saß in ihrem Zimmer. Auf der Fensterbank war ihr Lieblingsplatz. Von dort aus konnte sie über die Dächer der Häuser sehen. Wenn sie nicht schlafen konnte, saß sie auch spätabends dort und zählte die Lichter in den Fenstern. Irgendwie beruhigte es Svenja, die hellen Zimmer zu sehen.

Aber jetzt war es Tag, und die Sonne blendete sie bei ihrem Blick nach draußen. Svenja schloss die Augen. Sehen wollte sie gerade sowieso nichts. Nichts sehen, nichts hören, an nichts denken. Doch das klappte nicht. Die Gedanken in Svenjas Kopf fuhren Achterbahn. Warum konnte nicht alles so sein wie vor zwei Jahren? Da war Svenjas Leben in Ordnung gewesen. Damals lebte Svenjas Vater noch bei ihnen. Sie waren eine ganz normale Familie: Vater, Mutter, Kind. So wie Svenja sich eine richtige Familie vorstellte. Aber nicht nur bei ihnen sah die Wirklichkeit ganz anders aus. In ihrer Klasse hatten einige Mitschüler nur einen Elternteil. Die meisten wohnten bei der Mutter. Tobias lebte bei seinem Vater. Seine Eltern hatten sich getrennt. So wie Svenjas.

Ihre Eltern hatten sich oft gestritten. Daran konnte sich Svenja noch gut erinnern. Wenn sie daran dachte, hörte sie in ihrem Kopf das Klirren einer Salatschüssel. Die hatte Mama einmal im Streit mit Svenjas Vater gegen die Wand geschmissen. Dort war sie in tausend Scherben zersprungen. Dann war Papa aus der Wohnung gerannt und hatte die Wohnungstür zugeschlagen. Svenjas Mutter hatte laut geweint. Svenja hätte längst schlafen sollen. Doch sie war die halbe Nacht wach geblieben. Darum hatte sie später auch die Wohnungstür knacken gehört. Da war es bestimmt schon weit nach Mitternacht gewesen. Aber Svenja hatte gewusst, dass ihr Vater wieder zu Hause war. Erst dann hatte sie endlich einschlafen können.

Irgendwann war der Vater dann nicht wieder nach Hause gekommen. Als Svenja eines

Tages mittags von der Schule heimgekommen war, fehlten seine ganzen Schuhe. Erschrocken war sie damals von Zimmer zu Zimmer gerannt. Alle Dinge, die ihrem Vater gehört hatten, waren verschwunden.
In der Küche hatte Svenja dann ihre Mutter gefunden. Sie hatte am Küchentisch gesessen und ihren Kopf auf beide Hände gestützt.
Vor ihr hatte eine Flasche Schnaps gestanden, in der nur noch ein kleiner Rest gewesen war.
„Wo sind Papas Sachen?", hatte Svenja gefragt.
„Weg", hatte ihre Mutter genuschelt.
Svenja hatte sofort gewusst, dass sie nicht nur die Sachen von Papa gemeint hatte.
Auch ihr Vater war weg.
Er war einfach ausgezogen. Ohne sich von Svenja zu verabschieden.

Seitdem war alles anders in Svenjas Leben. Sie vermisste ihren Vater jeden Tag. „Komm doch einfach wieder", dachte Svenja oft.
Aber gleichzeitig war sie auch wütend auf ihn. Wie konnte er sich so davonschleichen?

Svenja konnte gut verstehen, dass auch ihre Mutter schrecklich sauer auf Papa war. Er hatte sich seit jenem Tag nicht wieder gemeldet. Wie vom Erdboden verschluckt war er. Und natürlich bezahlte er auch keinen Unterhalt. Manchmal glaubte Svenja, dass ihre Mutter sich darüber am meisten ärgerte. Jedenfalls sprach sie immer vom Geld. Oder davon, dass sie zu wenig hatten. Dann musste sich ihre Mutter trösten. Das klappte am besten mit Bier, Wein oder Schnaps. Schon früher hatte ihre Mutter manchmal ein Gläschen oder zwei getrunken. Meistens am Abend, „zur Entspannung", wie sie immer sagte. Seit einigen Monaten trank sie fast jeden Tag. Und damit fing sie schon mittags an. An Tagen wie heute sogar schon am Morgen.

„Man darf sich doch wohl einmal mit einem Schlückchen trösten", sagte sie, wenn Svenja sie betrunken auf der Couch fand.

„Und wer tröstet mich?", fragte sich Svenja in solchen Momenten. Dann ging sie immer in ihr Zimmer und setzte sich auf die Fensterbank.

Svenja legte ihre Stirn an die Scheibe. So ein blöder Tag! Sie wollte, dass ihre Gedanken aufhörten, sich im Kreis zu drehen. Die Erinnerungen und Sorgen sollten sie endlich in Ruhe lassen. Piep! Piep! Svenjas Handy meldete sich. Schnell holte sie es aus ihrer Hosentasche. Eine SMS von Pauline.
„Hoffe, deine Ma ist wieder o.k.! Sehen uns in Schule. LG, Pauli“, las Svenja.
Wenigstens war Pauline nicht ernsthaft beleidigt wegen ihrer Absage an der Haustür. Svenjas Finger flogen über die Tasten, als sie anfing, Pauline zurückzuschreiben.

3

Als Svenja am nächsten Morgen ins Wohnzimmer kam, war der Tisch mit leeren Flaschen vollgestellt. Ihre Mutter war nicht zu sehen. Wahrscheinlich hatte sie sich in der Nacht in ihr Bett geschleppt. Svenja seufzte und machte sich an die Arbeit. Die Kiste unter der Spüle war schon voll. Darum beschloss Svenja, die Flaschen gleich weg-zubringen.
„Wenn das jemand sieht ...“, dachte sie und schüttelte den Kopf. Sie merkte, dass sie eine richtige Wut auf ihre Mutter bekam. Sie holte mehrere Stoffbeutel und begann, sie zu füllen. Die vielen Flaschen passten kaum hinein. Aber Svenja rückte und schob, bis drei Taschen fast zum Platzen gefüllt waren. Zum Frühstücken hatte sie heute keine Zeit. Sie wollte die Flaschen vor der Schule noch zum Container bringen. Svenja sah auf die Uhr. Schon kurz vor halb acht. Sie hängte sich ihre Schultasche um, griff nach den Stofftaschen und raste los.

Der Altglascontainer war zwei Straßen von ihrem Haus entfernt. Dafür musste Svenja einen kleinen Umweg machen. Drei Container in Braun, Weiß und Grün standen am Rand eines großen Parkplatzes direkt neben einer Bäckerei. Vor dem braunen blieb Svenja stehen und griff in den ersten Stoffbeutel. Die Flasche klirrte beim Hineinschmeißen. Svenja konnte das Geräusch von zerbrechendem Glas nicht leiden. Schnell griff sie nach der nächsten Flasche, um es hinter sich zu bringen.
„Was machst du denn hier?“, fragte eine Stimme hinter Svenja. Und die kam ihr sehr bekannt vor.
Svenjas Herz begann vor Schreck und Aufregung zu rasen. Vorsichtig drehte sie sich um. „Hallo Tobias“, stotterte sie. Ausgerechnet jetzt musste Tobias ihr über den Weg laufen. Svenja fand ihn total nett. Aber bisher hatte sie wenig mit ihm zu tun. Dabei hatte sie sich schon oft überlegt, ihn einfach mal anzusprechen. Nicht wegen irgendetwas in der Schule. Sondern mit einem tollen Spruch. Doch dazu war sie einfach zu schüchtern. Tobias fuhr sich mit der rechten Hand durch

seine struppigen braunen Locken. Er sah Svenja abwartend an.
„Was machst du hier?“, fragte sie zögernd.
„Das habe ich doch dich gerade gefragt. Hattet ihr gestern eine Party?“ Tobias sah sich die vielen Flaschen in Svenjas Taschen an.
„Ja, genau“, antwortete Svenja schnell. „Meine Mutter hat gefeiert. Die hatte Geburtstag“, schwindelte sie.
„War bestimmt ein tolles Fest, oder? Bei dem vielen Wein und Sekt?“ Tobias grinste. Eigentlich mochte Svenja Tobias Lächeln gerne. Dann bekam er immer zwei Grübchen rechts und links auf seinen Wangen. Doch jetzt wünschte sich Svenja, dass er einfach aufhören sollte.

„Svenja! Tobias!“
Aus der Ferne tauchte ein blonder Haarschopf auf, der Pauline gehörte.
„Auch das noch“, dachte Svenja. Pauline kam hier sonst am Morgen nie vorbei.
„Ich brauche noch dringend ein Brötchen für die Pause. In unserer Küche war kein Krümel

mehr zu finden.“ Pauline zeigte mit dem Kopf zum Eingang der Bäckerei.
„Und was machst du hier?“, wunderte sich Pauline.
„Svenja entsorgt die Spuren einer wilden Fete. Ihre Mutter hatte gestern Geburtstag“, erklärte Tobias.
„Aber ich dachte, deine Mutter war krank.“ Pauline sah Svenja zweifelnd an.
„Ja, zuerst schon. Aber dann ging es ihr wieder besser.“
Pauline schüttelte den Kopf. Svenja hatte das Gefühl, dass sie ihr kein Wort glaubte.
„Will noch jemand etwas vom Bäcker?“, fragte Pauline.
„Ich komme mit. Ein süßes Teilchen wäre jetzt genau richtig“, schloss sich Tobias an.
Svenja atmete erleichtert auf.
„Ich warte hier draußen auf euch“, sagte sie schnell. Pauline und Tobias verschwanden durch die Eingangstür in der Bäckerei. Eilig griff Svenja nach den restlichen Flaschen, um sie schnell im Container verschwinden zu lassen.

Auf dem gemeinsamen Weg zur Schule sagte Svenja kaum ein Wort. Dafür redeten und lachten Pauline und Tobias umso mehr. Svenja starrte die meiste Zeit beim Gehen auf ihre Fußspitzen. Immer wenn sie kurz den Kopf hob, konnte sie Paulines Blick einfangen. Und einmal sah Tobias gerade zu ihr herüber. Das fühlte sich sehr komisch an. Svenja war noch nie so froh, endlich die Schule zu sehen. Schnell eilte sie vor den anderen beiden die Treppen hoch in ihr Klassenzimmer.

„Was war denn heute früh mit dir los?“, wollte Pauline wissen. Sie standen in der Pause wie immer unter dem großen Kastanienbaum.
„Nichts“, behauptete Svenja.
„Das kannst du deiner Oma erzählen.“
„Hast du Mathe kapiert?“, versuchte Svenja schnell abzulenken.
„Ja, soll ich es dir heute Nachmittag erklären? Ich kann ja mittags gleich mitkommen“, bot Pauline an.
„Nein, das geht nicht. Ich meine, ich habe es diesmal kapiert“, stammelte Svenja.

„Du hast doch was.“ Pauline musterte Svenja mit zusammengekniffenen Augen.
„Es ist nichts.“
„Du bist aber in letzter Zeit immer so komisch.“
„Na, wenn ich dir zu komisch bin, dann musst du dir eben eine andere Freundin suchen“, fauchte Svenja. Sie merkte, dass ihr zum Heulen zu Mute war. Schnell drehte sie sich um. Dabei stieß sie beinahe mit Tobias zusammen, der zur Kastanie schlenderte.
„Hey, nicht so eilig, schöne Frau!“, scherzte er. Svenja schluckte. In einem günstigeren Augenblick hätte sie ihn vielleicht angegrinst. Aber jetzt war der falsche Moment. Dann rannte sie los in Richtung Schulgebäude.

Den restlichen Schultag vermied es Svenja, Pauline anzusehen. Sie starrte im Unterricht intensiv auf die Tafel. Sie tat so, als würde sie besonders gut aufpassen. Dabei verstand sie kein Wort von dem, was Herr Breitenfels erzählte. Irgendwie fühlte sie den Blick von Pauline auf ihrer rechten Wange. Es kribbelte und brannte dort. Aber Svenja wollte auf keinen Fall zu Pauline hinübersehen. Sie beschäftigte sich ausgiebig damit, ihren Bleistift anzuspitzen. Dann wechselte sie die Tintenpatrone ihres Füllers. Obwohl die andere noch halb voll war. Immer wieder verschwand ihr Kopf unter dem Tisch in der Schultasche. Für Buch, Block und Lineal bückte sie sich einzeln. Um ein Heft aus der Tasche zu holen, ließ sie sich extra viel Zeit. Heute wollte die Stunde einfach nicht vergehen.

„Schluss für heute. Bis morgen. Und denkt an die Hausaufgaben", erlöste sie Herr Breitenfels nach einer halben Ewigkeit.

Svenja schmiss blitzschnell ihre Schulsachen in die Tasche. In Windeseile hastete sie aus dem Klassenzimmer. Bloß mit niemandem mehr reden. Sie konnte auf keinen Fall Paulines Fragen beantworten. Auf ihrem Heimweg wollte sie heute alleine sein.

Manche Tage fingen einfach blöd an und gingen genauso weiter.

Und der Tag war noch nicht mal zu Ende.

Zu Hause erwartete Svenja diesmal eine leere Wohnung. Darüber war sie ganz froh. Das

hieß also, dass ihre Mutter bei der Arbeit war. Sogar die Wäsche hatte sie heute schon von der Leine im Badezimmer genommen. Svenjas Laune besserte sich ein wenig. Sie machte sich an die Hausaufgaben. Mathe war richtig schwierig. Es hätte ihr bestimmt geholfen, wenn Pauline alles noch einmal erklärt hätte. Svenja tat es schon fast leid, dass sie das Angebot ihrer Freundin nicht angenommen hatte. Heute hätte sie ja ohne Weiteres mitkommen können. Aber das konnte Svenja vorher nie wissen. Und Pauline hatte einfach zu viele Fragen gestellt. Über manche Dinge konnte Svenja nicht sprechen. Wer sollte das auch verstehen? Svenja verstand ja selbst kaum, was bei ihrer Mutter im Moment schieflief. Ihr fiel ihr eigenes Verhalten in der Pause ein. Da war auch Einiges dumm gelaufen. Sie hatte ihre miese Laune einfach an Pauline ausgelassen. Dabei konnte ihre Freundin nichts für die Probleme von Svenja. Jetzt war Svenja ihre zickige Reaktion echt peinlich. Sie fischte ihr Handy aus der Jeanstasche.
„War blöd von mir! Sei nicht böse! Hdl, Sveni“, tippte sie. Dann wählte sie die Nummer von

Paulines Handy aus und drückte auf „Senden“. Svenja seufzte. Jetzt fühlte sie sich erleichtert. Hoffentlich nahm Pauline ihre Entschuldigung auch an.

Kurz darauf klingelte das Telefon. Svenja lief in den Flur.
„Richter“, meldete sie sich.
„Hallo, hier ist Tobias.“
Tobias? Der hatte noch nie bei ihr angerufen. Svenja räusperte sich. Was er wohl wollte?
„Ich habe mein Mathebuch in der Schule vergessen. Kannst du mir vielleicht die Aufgaben durchgeben, die wir zu Hause machen sollten?“
Svenja stellte sich Tobias vor. Sicherlich lächelte er gerade und bekam dabei wieder seine süßen Grübchen auf den Wangen. Svenja blickte verträumt in die Luft.
„Hallo? Bist du noch dran?“, fragte Tobias.
„Äh, ja“, stotterte sie.
„Gut, dann schieß mal los.“
Svenja konnte sich kaum konzentrieren. Um was ging es? Ach ja, die Matheaufgaben. Hastig lief sie zum Schreibtisch und blätterte

in ihrem Buch. Beim Vorlesen der Aufgaben verhaspelte sie sich ein paar Mal. Aber Tobias lachte sie deswegen nicht aus.

„Vielen Dank."

„Gern geschehen."

„Gut, bis morgen."

Svenja legte auf. Sie war richtig durcheinander.

Vielleicht war heute doch ein guter Tag.

Svenja setzte sich wieder an ihre Matheaufgaben. Dabei sah sie ständig auf die Uhr. Aber davon fielen ihr die Lösungen auch nicht ein. Plötzlich hörte sie lautes Gepolter. Ein Blick auf das Zifferblatt sagte Svenja, dass es vier Uhr nachmittags war. Mit einem Knall flog die Wohnungstür auf. Im Flur fiel irgendetwas scheppernd zu Boden. Svenja stand erschrocken von ihrem Schreibtisch auf. Sie öffnete die Tür und sah nach draußen.

„Verdammt!", lallte ihre Mutter. Sie hielt sich am Garderobenständer fest. Kleiderbügel und Jacken lagen auf dem Boden. Dann ließ ihre Mutter den Ständer los. Sie schwankte bedenklich. Obwohl Svenja noch im Türrahmen ihres Zimmers stand, konnte sie den Alkohol im Atem ihrer Mutter riechen. Svenja starrte sie an. Sie sah wie in Zeitlupe, dass die Knie ihrer Mutter einknickten. Blitzschnell lief Svenja zu ihr und stellte sich hinter sie. Dabei breitete sie ihre Arme aus. Schwer fühlte sich der Körper der Mutter an, als er rückwärts in ihre Arme sank. Das Gewicht zerrte an ihren Schultern. Als ihre Mutter endgültig zusammensackte, konnte Svenja sie kaum halten. Dann fing ihre Mutter an zu würgen. Svenja versuchte, sie auf den Boden zu legen. Beinahe hätte sie sie einfach fallen gelassen. In letzter Sekunde schob sie ihrer Mutter eine Hand unter den Kopf, damit sie nicht auf die Fliesen schlug. Svenja lief ins Badezimmer. Dort griff sie nach dem Putzeimer unter dem Waschbecken und rannte zurück in den Flur. Dann fasste sie ihrer Mutter unter die Arme und zerrte sie mit aller Kraft hoch. Mit einer Hand hielt Svenja den Eimer unter den Kopf ihrer Mutter. Die andere Hand hatte sie auf ihre Stirn gelegt. Damit ihr Kopf nicht nach vorne kippte. Wieder hörte Svenja das Würgen ihrer Mutter. Säuerlicher Geruch stieg ihr in die Nase. Ihre Mutter

übergab sich stöhnend in den Eimer.
Svenja liefen Tränen über die Wangen.
Sie drehte ihren Kopf zur Seite. Sie konnte ihre Mutter nicht ansehen, so sehr ekelte sie sich vor ihr. In Svenjas Magen grummelte es.
Sie hatte eine schreckliche Wut im Bauch.
„So ein Scheißtag", dachte sie.

4

Am nächsten Morgen hörte Svenja ein lautes Stöhnen aus dem Wohnzimmer. Dort lag ihre Mutter auf der Couch. Sie sah ganz weiß aus im Gesicht. Als Svenja neben ihr stand, schlug sie vorsichtig die Augen auf. Sie hob einen Arm. Svenja sah genau, wie viel Kraft sie das kostete. Nun streckte sie ihre Hand in Svenjas Richtung. Sie versuchte, ihre Tochter zu berühren. Svenja stand stocksteif da und sah sie nur von oben herab an. Ihre Mutter zitterte so sehr, dass es ihr nicht gelang, den Arm ganz auszustrecken.
Ächzend ließ sie ihn wieder sinken.
„Es tut mir so leid“, murmelte sie. „Ach, Svenja, meine Kleine.“
Svenja spürte, wie ihr die Tränen kamen.
„Bloß nicht losheulen!“, dachte sie krampfhaft. Sie schluckte den Kloß, der in ihrem Hals steckte, hinunter.
„Hör auf damit, Mama. Bitte!“, sagte Svenja mit flehender Stimme.
Ihre Mutter sah sie schweigend an.
Sie antwortete nicht. Und Svenja konnte nichts mehr sagen. Sonst wären ihre Augen

sicher übergelaufen. Darum herrschte Stille zwischen ihnen.
Die Sekunden verstrichen. Sie fühlten sich wie Stunden an.
Endlich nickte Svenjas Mutter ganz leicht mit dem Kopf. Dann kniff sie die Augen zusammen.
„Ich kann nicht aufstehen. Kannst du in der Drogerie anrufen?"
Svenja ging zum Telefon. Mit zitternden Fingern wählte sie die Nummer des Drogeriemarktes.
„Drogerie Barth", meldete sich eine tiefe Stimme.
„Guten Morgen, Herr Barth. Hier spricht Svenja. Svenja Richter. Ich möchte meine Mutter Brigitte Richter krank melden."
Svenjas Stimme hörte sich ganz piepsig an.
„Krank? Schon wieder? Sie ist doch in den letzten Tagen ständig früher gegangen", brummte Herr Barth.
„Wissen Sie, das ist die Sommergrippe", versuchte Svenja, ihn zu beruhigen.
„So, so, die Sommergrippe. Wir haben aber im Moment Sonderverkauf. Da brauche ich zuverlässige Arbeitskräfte."

„Morgen. Bestimmt. Da ist sie wieder gesund“, stotterte Svenja.
Aber da hatte Herr Barth schon aufgelegt.

Svenja war ein bisschen aufgeregt. Als sie ins Klassenzimmer kam, sah sie sich vorsichtig um. Pauline hatte ihre SMS nicht beantwortet. Darum wusste Svenja nicht, ob sie ihr noch böse war wegen gestern. Aber Pauline war noch nicht da. Dafür kam Tobias auf sie zu. Der Blick aus seinen braunen Augen war irgendwie warm und weich.
Svenja bekam Gänsehaut an den Armen.
„Hallo. Alles klar?“
Svenja nickte. Jemand tippte ihr auf die Schulter.
„Guten Morgen“, trällerte Pauline ihr ins Ohr.
Svenja hatte sie nicht kommen hören.
„Der Akku von meinem Handy war leer. Ich habe deine SMS erst heute früh bekommen.“
„Na, da will ich die Damen bei ihren wichtigen Frauengesprächen nicht stören“, meinte Tobias. Er lächelte ihr noch einmal zu und ging dann auf seinen Platz. Svenja seufzte und drehte sich zu Pauline um.

„Wieder Freunde“, sagte die. Als Friedensangebot streckte Pauline Svenja die Hand hin. Erleichtert griff sie danach.
„Gibt es da vielleicht etwas, das du mir verheimlicht hast?“
Pauline zwinkerte ihr zu.
„Tobias steht ja ziemlich oft in deiner Nähe.“
Pauline grinste. Svenja gab ihr mit dem Ellenbogen einen sanften Stoß in die Rippen.
„Was du wieder denkst.“
„Ich bin eben nicht blind.“
„Können die Damen ihre Unterhaltung bitte in der Pause weiterführen“, unterbrach sie Herr Breitenfels. Schnell setzten sich die Freundinnen auf ihre Plätze und zogen die Hefte aus ihren Schultaschen.

„In der letzten Woche vor den großen Ferien findet unser Schulfest statt.“
Herr Breitenfels hatte seine Kreide weggelegt und sah die Schüler der 8a an. Die Stimmung in der Deutschstunde eben war nicht besonders gut gewesen. Auch Svenja und Pauline hatten gestöhnt. Grammatik war echt langweilig. Aber die Laune der Klasse

besserte sich nun schlagartig. Das Schulfest war immer eine tolle Sache. Es wurde jedes Jahr auf dem Sportgelände der Schule gefeiert. Alle Klassen beteiligten sich daran. Die Neunten kümmerten sich um gute Musik. Viele Aufführungen und Spiele fanden statt. Es wurde gegrillt. Wenn das Wetter mitspielte, wurde bis in den späten Abend zusammen gefeiert.
„Ich ziehe mein neues giftgrünes Top an", flüsterte Pauline. „Und du?"
Darüber hatte sich Svenja noch keine Gedanken gemacht. In letzter Zeit hatten solche Dinge in ihrem Kopf keinen Platz.
„Auch eure Eltern sind wie immer herzlich eingeladen", informierte Herr Breitenfels.
Svenja zuckte zusammen. Irgendwie gefiel ihr der Gedanke nicht besonders, mit ihrer Mutter auf dem Sommerfest aufzutauchen. Vielleicht sollte sie ihrer Mutter nichts von dem Ereignis sagen. Die Entschuldigung mit der Grippe konnte Svenja einfach noch einmal nutzen und selbst das Fest schwänzen. Andererseits war die Abschlussfeier im Sommer immer toll. Svenja war ganz in Gedanken, als Pauline sie anrempelte.

„Träumst du, Svenja Richter?“, fragte Herr Breitenfels. Er stand direkt vor ihrem Tisch. „Was meinst du dazu?“
Svenja hatte keine Ahnung, was Herr Breitenfels von ihr wissen wollte.
„Also, noch mal für alle: Wir wollen einen Sketch auf dem Fest spielen. Unser letztes kleines Theaterstück im Frühjahr war ein voller Erfolg. Besonders Svenja war in ihrer Rolle sehr überzeugend. Und darum dachte ich, Svenja könnte die Hauptrolle spielen.“
Herr Breitenfels sah Svenja fragend an.
„Natürlich“, antwortete Pauline für sie.
„Svenja kann wirklich gut schauspielern. Die war doch auch im letzten Jahr in der Theatergruppe“, mischte sich Tobias ein.
Svenja wurde rot.
„Und, was ist? Kannst du dir vorstellen, beim Sketch mitzumachen?“
Herr Breitenfels wurde langsam etwas ungeduldig.
Svenja nickte. Theater spielen machte ihr wirklich Spaß. Schnell schob sie ihre Gedanken über das Schwänzen beiseite.
Einige aus der Klasse klatschten. Nun wurde Svenja schon wieder rot. Sie wusste

nicht genau, ob vor Freude oder weil sie verlegen war.

Nach der Schule verabschiedeten sich Svenja und Pauline am Schultor.
„Ich freu mich schon auf das Sommerfest. Das wird bestimmt eine coole Fete“, plapperte Pauline drauflos.
Ja, Svenja freute sich auch. Heute schien ein guter Tag zu sein.
„Wir müssen uns unbedingt vorher treffen. Damit wir unsere Kleiderschränke durchsehen können.“
„Am besten bei dir“, sagte Svenja schnell, bevor Pauline auf eine andere Idee kam.
„In Ordnung. Wie wäre es mit heute Nachmittag? Aber erst später. Vorher habe ich einen Zahnarzttermin.“
Pauline machte ein gequältes Gesicht. Svenja tätschelte ihr mitleidig eine Wange und lachte.
„Halt die Ohren steif. Und pass auf, dass der Zahnarzt nicht bohrt.“
Pauline verzog ihren Mund.
„Ich ruf dich an, wenn ich zu Hause bin.“
„O.k. Bis später.“

Svenja winkte und machte sich auf den Weg in die Seestraße.

Svenja sog schnuppernd die Luft ein, als sie die Wohnungstür öffnete. Es roch nach gebratenen Zwiebeln. Ihre Mutter kochte. Die Küchentür war angelehnt. Das Zischen des Essens war kaum zu hören, weil das Radio voll aufgedreht war.
„Steh auf, zieh dich an, jetzt sind andre Geister dran ..."
Svenja hörte, wie ihre Mutter lautstark ihr Lieblingslied mitsang.
„Hallo, ich bin daha!", schrie Svenja in Richtung Küche, um die Singversuche ihrer Mutter zu übertönen.
„Halli hallo", flötete Svenjas Mutter. Sie trat aus der Küchentür und wischte sich die Hände an der Hose ab.
„Na, hast du Hunger?", fragte sie. So als würde sie das um diese Zeit immer fragen.
„Was gibt es denn?"
„Spagetti mit Bolognesesoße."
„Riecht lecker", gab Svenja zu.
Einladend hielt die Mutter ihr die Tür auf.

Svenja merkte, dass sie richtig Hunger hatte. Und Nudeln aß sie für ihr Leben gerne. Ihre Mutter drehte die Musik leiser und stellte den Topf vom Herd auf den Tisch. Gemeinsam setzten sich die beiden. Vor ihnen dampften die Spagetti. Svenjas Mutter belud die Teller mit großzügigen Portionen.

„Wie war es in der Schule?", wollte die Mutter von Svenja wissen.
„Gut."
„Geht es auch ein bisschen genauer?", lachte sie.
Unsicher sah Svenja sie an. Das hatte sie schon wochenlang nicht mehr gefragt. Was sollte sie ihrer Mutter erzählen? Was wollte sie ihr überhaupt sagen? Svenja schob sich eine Gabel voller Nudeln in den Mund. Mit vollem Mund spricht man schließlich nicht. So gewann sie etwas Zeit, um sich zu überlegen, was sie ihrer Mutter antworten könnte. Schweigend kaute sie an der Riesenmenge.
„Es ist Sommer. Ich hab das klar gemacht: Sommer ist, wenn man trotzdem lacht ...", dudelte es im Hintergrund. Svenja schluckte.

„Bei uns ist demnächst Sommerfest in der Schule."
„Ach ja, das wird bestimmt wieder richtig toll", meinte Svenjas Mutter interessiert.
„Unsere Klasse möchte einen Sketch aufführen. Ich soll die Hauptrolle spielen."
„Das ist ja wunderbar! Gratuliere! Da freue ich mich schon drauf."
„Du kommst mit?", fragte Svenja verblüfft.
„Natürlich. Eltern sind doch immer eingeladen zum Sommerfest. Und ich lasse mir doch nicht entgehen, wenn meine Tochter eine Hauptrolle spielt."
Svenja knabbert an ihrer Unterlippe herum.
„Hast du noch Hunger?", fragte ihre Mutter.
Svenja schüttelte den Kopf. Sie wusste nicht so recht, ob es richtig war, ihrer Mutter etwas über das Sommerfest zu erzählen. Was, wenn ...? Hastig schob Svenja den Gedanken beiseite.
Nein, alles wird gut gehen!
Heute ist ein toller Tag. Ihre Mutter hatte gekocht.
Das Sommerfest wird eine super Fete werden.
Ihre Mutter wird ihr bei dem Theaterstück zusehen.

Und natürlich wird sie nüchtern sein.
So wie heute.
Davon war Svenja überzeugt.

Gerade hatte Svenja ihren Stift weggelegt, da klingelte das Telefon.
„Für dich. Pauline ist dran“, rief ihre Mutter.
„Los, auf geht’s zur Modeauswahl für das heißeste Sommerfest aller Zeiten“, kreischte Pauline in den Hörer.
Svenja freute sich. Nicht nur, weil das Probieren von Klamotten ihr Spaß machte.
Auch weil Pauline kein Wort mehr über ihren zickigen Kommentar und ihre Lüge mit dem Geburtstag der Mutter verlor.
„Ich geh noch zu Pauline. Bis später“, verabschiedete sich Svenja von ihrer Mutter.
„Viel Spaß und einen schönen Tag.“
Ja, der Tag war bisher wirklich sehr schön.
Svenja schnappte sich den Wohnungsschlüssel und ließ die Tür hinter sich zufallen.

5

Der Nachmittag ging so gut weiter, wie der Morgen begonnen hatte. Svenja und Pauline leerten den gesamten Inhalt des Kleiderschranks auf Paulines Bett. Kurze Hosen, bunte T-Shirts und weite Röcke bildeten einen Berg auf der Matratze. Zuerst schlüpften die beiden in Teile, die unmöglich aussahen: Pauline zog eine abgeschnittene Jeans an. Dazu streifte sie ihre alte Rüschenbluse über, die sie zu Weihnachten angehabt hatte. Dann band Pauline sich die Haare mit einer Mickymaus-Schleife hoch. Damit schritt sie vor Svenja auf und ab wie auf einem Laufsteg. Das sah vielleicht bescheuert aus! Sie mussten so sehr darüber lachen, dass sie sich am Ende mitten auf das Bett fallen ließen. Als der Lachanfall vorüber war, machten sie sich ernsthaft an die Kleiderwahl für das Sommerfest. Svenja gefiel der neue weite Rock von Pauline besonders gut. Sie probierte ihn. Weil die beiden ungefähr dieselbe Figur hatten, passte er perfekt.
„Du siehst toll aus. Ich leih dir den Rock für den Tag“, bot Pauline an. Svenja strahlte.

„Danke. Du bist eine echte Freundin."
Nach zwei Stunden Modenschau hatten die beiden genug. Sie gingen in die Küche, um sich etwas zu trinken zu holen. Frau Kramer, Paulines Mutter, schloss gerade die Ofentür und stellte einen dampfenden Kuchen auf die Küchenplatte.
„Wollt ihr kosten?", fragte sie die Freundinnen, als sie ihre hungrigen Blicke sah. Svenja und Pauline nickten begeistert. Mit mächtigem Appetit machten sie sich über die warmen Kuchenstücke her.
„Und, habt ihr etwas Passendes für die Fete gefunden?", erkundigte sich Frau Kramer.
Svenja wischte sich die letzten Kuchenkrümel vom Mund und nickte.
„Kommt deine Mutter auch zum Sommerfest?", fragte sie interessiert.
„Ja. Vielleicht. Wahrscheinlich", stotterte Svenja. Pauline sah ihre Freundin prüfend an.
„Ich hab deine Mutter schon lange nicht mehr gesehen. Sag ihr doch schöne Grüße von mir", bat Frau Kramer.
„Mach ich."
Mit einem Mal war Svenjas gute Laune verflogen. Sie hatte ein komisches Gefühl

im Bauch. Vielleicht hatte sie heute einfach zu viel gegessen.
„Ich muss los“, verabschiedete sie sich schnell von Pauline und ihrer Mutter.
Sie schnappte sich ihre Tasche und war verschwunden, bevor die beiden überhaupt antworten konnten.

Svenja spürte ihr Herz hämmern, als sie nach Hause kam. Sie war schrecklich aufgeregt. Aber es war keine schöne Aufregung. Sie hatte feuchte Hände. Und ein bisschen übel war ihr auch.
„Mama?“, fragte sie vorsichtig, als sie in den Flur trat.
„Hallo. Na, war es schön bei Pauline?“
Die Stimme kam aus der Küche. Dort fand Svenja ihre Mutter. Sie saß am Küchentisch und hatte ihren Kopf auf eine Hand gestützt. Sie stöhnte leise auf. Erschrocken hielt Svenja die Luft an.
„Stell dir vor, das Wetter soll nächste Woche regnerisch werden. Ein Sommerfest im Regen wäre doch wirklich eine Katastrophe.“

Ihre Mutter zeigte auf die Zeitung, die vor ihr auf dem Küchentisch lag. Dort war der Wetterbericht aufgeschlagen.
Erleichtert atmete Svenja wieder aus.
„Ach, das ist doch nicht so schlimm“, meinte Svenja. Sie lächelte ihre Mutter an.
„Jetzt wird alles gut“, dachte sie. „Mama hält ihr Versprechen. Da ist so ein bisschen Regen echt eine herrliche Nachricht.“

Am nächsten Tag in der Schule war richtig was los. Überall wurden Aufführungen für das Sommerfest geprobt. Fünftklässler rannten mit bunten Papierrollen herum. Damit wollten sie die Dekoration basteln. Die Sportlehrerin Frau Weidinger versuchte mit einem CD-Player in der Hand eine Horde Mädchen zum Sportplatz zu scheuchen. Der Hausmeister schob eine Karre mit unzähligen Stühlen vor sich her. Jeder war mit den letzten Aufgaben in diesem Schuljahr beschäftigt. Svenja gefiel diese Stimmung. Die letzten Wochen vor den Sommerferien waren jedes Jahr etwas Besonderes. Und von allem war das Sommerfest der krönende Abschluss.

Im Klassenzimmer wartete schon Pauline. „Hoffentlich hat der Breitenfels die Texte für den Sketch dabei. Wir müssen das Stück ja auch noch lernen. Und proben. Hoffentlich werden wir fertig bis nächste Woche."
Pauline hatte Stress. Das war typisch.
„Du machst dir wie immer viel zu viele Gedanken", beruhigte Svenja ihre Freundin.
„Du hast gut reden", schmollte Pauline und kräuselte ihre Lippen. „Ich muss schließlich an so vieles denken. Meine Mutter hat morgen Geburtstag. In echt, meine ich." Sie sah Svenja stirnrunzelnd an. Was sollte das denn jetzt werden? Svenja hielt die Luft an. Wollte Pauline sie wieder auf ihre Schwindelei mit der angeblichen Geburtstagsfeier ihrer Mutter ansprechen?
„Egal, jedenfalls brauche ich noch ein Geschenk für sie."
Gut, dass Pauline nicht weiter gebohrt hatte. Svenja hatte keine Lust, sich schon wieder eine Geschichte auszudenken. Und streiten wollte sie sich mit Pauline auch nicht.
„Hast du schon eine Idee?", fragte sie schnell.
„Keinen blassen Schimmer. Und da soll der Mensch keinen Stress bekommen."

Svenja grinste. Jetzt musste Pauline auch lachen. Die Tür klackte. Beide Mädchen drehten gleichzeitig ihre Köpfe. Herr Breitenfels polterte in das Klassenzimmer.
„Lass uns doch in der Pause mal gemeinsam überlegen", schlug Svenja ihrer Freundin vor.
Pauline nickte dankbar. Dann gingen sie auf ihre Plätze.

„Mag deine Mutter Blumen?", fragte Svenja, als die beiden Freundinnen in der Pause unter dem Kastanienbaum standen.
„Ja, aber davon hat sie eigentlich genug herumstehen."
„Wie wäre es mit einem Gutschein?"
„Gut. Aber für was?"
„Für ein tolles Essen, das du für euch kochst vielleicht?", überlegte Svenja.
„Oder für Aufräumen und Wäsche aufhängen. Meinst du, einmal reicht?"
Pauline grinste stolz wegen ihrer genialen Idee.
Svenja nickte zögernd. Wahrscheinlich würde Frau Kramer sich darüber freuen. Aber Wohnung aufräumen und Wäsche

waschen gehörten bei Svenja täglich dazu. Auch ohne Gutschein. Aber das behielt sie lieber für sich. Außerdem wollte sie darüber nicht länger nachdenken. Die Welt war eben ungerecht.
„Wünsch deiner Mutter morgen auch alles Gute von mir", sagte Svenja deshalb schnell.
„Das kannst du ihr doch selber sagen. Komm einfach nachmittags vorbei", schlug Pauline vor.
Svenja überlegte. Ob sie da nicht störte?
„Wir stoßen immer nach dem Mittagessen gemeinsam an. Letztes Jahr gab es noch Orangensaft im Sektglas für mich. Ein Kindergetränk, typisch meine Mutter, sag ich dir. Als ob ich bei einem Glas Sekt gleich zur Komasäuferin werden würde. Aber dieses Jahr bestehe ich auf einem eigenen Glas. Sekt pur, versteht sich. Komm doch auch, und hilf mir beim Überreden. Wenn du da bist, erlaubt Mama das bestimmt."
Svenja erstarrte. Ihr wurde plötzlich ganz heiß. Sie schüttelte langsam ihren Kopf.
„Nein, ich habe morgen schon was vor."
„Davon weiß ich ja gar nichts. Spielverderberin."

Jetzt schmollte Pauline wieder mal. Sie verschränkte ihre Arme vor der Brust und malte mit ihrer Fußspitze Kreise auf den Pausenhof.
„Ich muss morgen mit meiner Mutter zum Einkaufen gehen. Hab ich ihr echt versprochen.“ Jetzt musste Svenja also doch wieder erfinderisch sein. Die Geschichte wirkte. Pauline fragte nicht weiter nach, sondern erzählte von der Geburtstagsfeier im letzten Jahr. Als der Gong am Ende der Pause ertönte, hakte sie sich bei Svenja unter. Gemeinsam gingen die beiden zurück zum Schulgebäude.

Auf dem Heimweg riss ein hektisches Klingeln Svenja aus ihren Gedanken.
„Hey, Vorsicht!“
Mit quietschenden Bremsen kam ein Fahrrad neben ihr zum Stehen.
„Augen auf im Straßenverkehr“, begrüßte Tobias sie. Erst jetzt merkte Svenja, dass sie gar nicht mehr auf dem Gehweg, sondern mitten auf dem Radweg stand.
„Oh, Entschuldigung“, murmelte sie.

„Ich habe dir soeben das Leben gerettet", grinste Tobias. Mit Grübchen. Svenja bekam ganz weiche Knie davon.
„Eigentlich habe ich mir ja dafür ein Eis verdient, oder?", schlug Tobias vor.
Svenja wusste sofort, dass das die Gelegenheit war, um mit Tobias ein Date zu vereinbaren. Er schien wirklich gerne etwas mit ihr unternehmen zu wollen. Svenja nahm all ihren Mut zusammen.
„Du hast Recht. Als meinen Lebensretter muss ich dich wohl einladen."
„Stimmt genau. Wie wäre es mit vier Uhr? Vielleicht haben wir Glück und im Eiscafé ‚Venezia' ist noch ein Tisch frei."
Abwartend sah Tobias sie an. Svenjas Wangen fühlten sich ganz heiß an.
„Abgemacht. Bis später dann."
Ihre Stimme klang seltsam rau und fremd. Sie räusperte sich.
„Ich freu mich. Aber pass bloß auf. Dein Lebensretter fährt jetzt wieder. Ab jetzt musst du alleine auf dich aufpassen." Tobias hob eine Hand zum Gruß und schwang sich wieder auf sein Fahrrad. Svenja sah ihm nach, wie er um die nächste Kurve bog.

Dann zwickte sie sich in den Arm. Aua! Das hatte wirklich weh getan. Also war sie wach und träumte nicht bloß. Svenja fing an, Pirouetten zu drehen. Sie könnte die ganze Welt umarmen! Sie hatte eine Verabredung! Mit Tobias! Heute Nachmittag um vier!
„Pass doch auf, wo du hinläufst", schnauzte sie eine Stimme von hinten an. Eine ältere Frau schüttelte missbilligend den Kopf. „Unverschämt, die Jugend von heute", murmelte sie, als sie weiterging. „Liegen den ganzen Tag auf der faulen Haut. Haben keine Sorgen und nur Flausen im Kopf."
Svenja schaute verlegen in die andere Richtung. Schnell ging sie weiter. Auf dem restlichen Weg nach Hause achtete sie genau darauf, dass sie niemandem mehr im Weg stand.

6

Als sie nach Hause kam, fand sie einen Zettel von Mama.

„Musste heute für Beate einspringen. Komme um drei“, las Svenja. Hunger hatte sie keinen. Und Hausaufgaben waren heute auch nicht zu erledigen. In der Wohnung war es heiß und stickig. Darum machte sie erst einmal alle Fenster auf. Aber davon wurde es nur noch wärmer. Svenja ließ die Jalousien herunter. Sie holte sich ein Glas Wasser und sah sich in der düsteren Küche um. Ziemlich chaotisch sah es hier aus. Sie räumte das herumstehende Geschirr in die Spülmaschine. Die Wäsche, die getrocknet im Korb lag, verteilte sie in die Schränke von sich und ihrer Mutter. Schließlich holte sie den Staubsauger aus der Putzecke im Flur hinter dem Vorhang hervor. Das laute Brummen nervte Svenja gewaltig. Sie stellte das Gerät ab und schnappte sich ihren MP3-Player. Mit Musik ging das Saugen viel schneller. Svenja schob die Saugdüse im Takt vor sich her. Sie dachte an Tobias. Ihr Herz machte dabei einen richtigen Satz. Schließlich stellte Svenja den

Staubsauger zurück in die Ecke und schaute auf die Uhr. Kurz vor drei. Nur noch eine Stunde. Dann würde sie sich mit Tobias treffen. In ihrem Bauch grummelte es mal wieder. Das war bestimmt die Aufregung. Oder knurrte einfach nur ihr Magen? Vielleicht sollte sie doch etwas essen. Svenja ging zum Kühlschrank, um sich Wurst und Käse für ein Brot zu holen. Sie blinzelte. Leer? Das konnte doch nicht sein! Heute früh wollte ihre Mutter einkaufen gehen. Aber wahrscheinlich hatte sie das nicht mehr geschafft, weil sie zur Arbeit musste. Egal. Nachher gab es ja Eis. Und hinterher konnte sie noch einkaufen gehen. Svenja schloss die Kühlschranktür. Dann hörte sie einen Schlüssel im Schloss.

„Hallo Mama. Kannst du mir Geld geben? Wir brauchen was zu essen. Und ich will mich mit jemandem aus der Klasse auf ein Eis treffen“, plapperte Svenja los.
Svenjas Mutter stand im Flur und streifte sich ihre Schuhe von den Füßen. Sie räusperte sich. Dabei hielt sie sich eine Hand vor den Mund.

Svenja streckte eine offene Hand in ihre Richtung. Sie wartete darauf, dass ihre Mutter die Geldbörse aus der Tasche zog. Aber die sah sie nur etwas erschrocken an.
„Hol dir Geld aus der Dose im Wohnzimmer“, murmelte ihre Mutter. Dabei drehte sie sich schnell zur Garderobe.
An diese Dose ging Svenja nie ohne Einverständnis ihrer Mutter. Darin waren die Scheine, die Oma manchmal schickte. Der „Notgroschen“, wie Mama immer dazu sagte.
Svenja ging ins Wohnzimmer und zog die Blechdose mit den Blümchen aus dem Regal. Sie hob den Deckel ab und griff hinein.
Nichts! Verblüfft sah Svenja in die Dose.

„Da ist nichts mehr drin“, rief Svenja. Ihre Mutter erschien im Türrahmen. Sie hielt sich mit der rechten Hand am Türgriff fest.
Svenja stutzte.
„Dann muss ich erst Geld von der Bank holen.“ Die Stimme ihrer Mutter klang undeutlich und ein wenig verwaschen.
„Ich brauche aber Geld. Das Taschengeld für diesen Monat habe ich auch noch nicht.

Wie soll ich einkaufen? Und Eis essen?"
„Geht eben heute nicht." Ihre Mutter zuckte mit den Achseln. Sie musste aufstoßen. Ein leiser Rülpslaut war zu hören. Jetzt roch Svenja es. Ihr wurde schwindlig.
„Du hast es versprochen", flüsterte sie.
Ihre Mutter tat, als hätte sie Svenja nicht gehört. Sie drehte sich um und ging in die Küche. Svenja lief ihr hinterher.
„Du hast dein Versprechen gebrochen", schrie sie.
Mutter ließ sich auf einen Stuhl fallen und sah sie mit trüben Augen an.
„Hör auf!", brüllte Svenja. „Hör endlich mit dem Trinken auf."
„Aber ich brauche manchmal einfach etwas, um mich zu entspannen", gab ihre Mutter weinerlich von sich.
„Das hat nichts mit Entspannung zu tun. Du säufst! Eine richtige Mutter säuft doch nicht!", schrie Svenja verzweifelt.
Sie wollte schon aus der Küche laufen. Da fühlte sie die Hand ihrer Mutter auf ihrem rechten Bein.
„Ich verspreche dir, dass das heute das letzte Mal war. Ab jetzt werde ich nichts mehr

trinken. Ehrenwort!“, flüsterte ihre Mutter mit dünner Stimme. Dann schloss sie kraftlos die Augen. Svenja lief in ihr Zimmer. Dabei warf sie die Tür so laut zu, dass es knallte.
Sie setzte sich aufs Fensterbrett und zog die Knie an. Mit ihren Armen umschloss sie ihre Beine. Dann fingen ihre Tränen an zu laufen. Schluchzend vergrub Svenja den Kopf zwischen ihren Armen.

Als Svenja sich etwas beruhigt hatte, lehnte sie ihren Kopf zurück an die Wand hinter ihr. Sie atmete tief ein und wieder aus. Ihr Blick wanderte über die Dächer der Straße. Sie hörte Stimmen vom Spielplatz im Park um die Ecke. Die Sonne stand nicht mehr so hoch wie vorhin. Wie spät es wohl war? Svenja sah auf die Uhr, die in ihrem Zimmer an der Wand hing. Halb fünf. Was? Schon so spät? Sie wollte sich doch um vier Uhr mit Tobias treffen. Aber sie hätte ja sowieso kein Geld gehabt, um ihn einzuladen. Was sollte sie jetzt bloß machen? Hektisch sprang sie auf und wühlte in ihrer Schultasche herum. Sie musste Tobias Bescheid geben.

„Tut mir schrecklich leid. Bin krank geworden. Bis morgen. LG, Svenja“, tippte sie.
Senden.
Jetzt hatte sie schon wieder gelogen. Würde Tobias ihr die Schwindelei glauben? Was, wenn er jetzt nichts mehr mit ihr zu tun haben wollte? Svenja kamen schon wieder die Tränen bei dem Gedanken.
Kurz darauf piepste ihr Handy.
„Seid ihr alle ständig krank? Erst deine Ma, dann du. Schade. Tobias“, las Svenja.
War ja klar, dass Tobias die Ausrede merkte. Aber Svenja wusste nicht, was sie ihm sonst sagen könnte. Jedenfalls schien er nicht sauer zu sein, obwohl sie ihn versetzt hatte.
Sie drückte auf „Antworten“.
„Bin morgen wieder fit. Holen das Eis nach. LG, Svenja“.
Dann packte Svenja ihr Handy weg, setzte sich wieder auf die Fensterbank und starrte hinaus.

7

Im Hause Richter herrschte an diesem Freitagmorgen eisiges Schweigen. Svenja war wütend. Verzweifelt. Traurig. Ach, eigentlich wusste sie selbst nicht so genau, was sie fühlte. Die Mutter ging ihr am Morgen, so gut es ging, aus dem Weg. Das war Svenja nur recht. Sie hatte keine Lust, sich mit ihr zu unterhalten. Um halb acht musste sie los. Svenja zog die Wohnungstür auf.

Sie schwang sich ihren Schulrucksack über die Schultern. Dabei rempelte sie etwas hinter sich an.

„Vorsicht, nicht so stürmisch“, beschwerte sich ihre Mutter. Aber so richtig ärgerlich klang das nicht. Sie hatte sich direkt hinter Svenja gestellt und schlüpfte in ihre Schuhe.

„Du gehst zur Arbeit?“, fragte sie Mama.

„Ja, natürlich. Wohin denn sonst?“

Svenjas Mutter zuckte mit den Schultern. Dann sah sie ihre Tochter ernst an.

„Ich werde mich ändern. Das musst du mir glauben, Svenja.“

Während ihre Mutter das sagte, strich sie ihr über den Kopf. Schnell drehte Svenja sich

weg. Sie war doch kein Baby mehr. Außerdem hatte ihre Mutter bereits mehr als einmal versprochen, nicht mehr zu trinken. Und immer wieder ihr Versprechen gebrochen. Svenja konnte und wollte ihr nicht glauben.
„Bis später“, verabschiedete Svenja sich knapp. Sie lief zur Treppe und sprang immer zwei Stufen gleichzeitig hinunter. So eilig hatte sie es sonst nie, in die Schule zu kommen.

Erst als Svenja den Schulhof betrat, fiel ihr Tobias wieder ein. Hoffentlich wollte er überhaupt noch etwas mit ihr zu tun haben. Sie sah sich um. Von ihm war weit und breit keine Spur. Dafür ächzte Pauline hinter ihr.
„Ich finde ja, vor den Sommerferien sollte es extra noch einmal ein paar freie Tage geben. Damit man sich für die Ferien schon mal etwas erholen kann. Ich hätte heute beinahe meinen Wecker ermordet, als er mich rausgeklingelt hat.“
Pauline konnte manchmal ohne Punkt und Komma reden. Das ging Svenja an manchen Tagen schon mal auf die Nerven. Aber heute war ihr das gerade recht. Dann musste sie

nichts von der geplatzten Verabredung erzählen.
„Du sagst ja gar nichts“, stellte Pauline fest. „Hast du was?“
„Nein, wie kommst du darauf?“, antwortete Svenja schnell.
„Lass uns hochgehen, ehe der Breitenfels sich wieder über uns aufregt.“

Herrn Breitenfels war offensichtlich noch nicht in der Klasse. Alle redeten durcheinander. Es war so laut, dass die Schüler beinahe schreien mussten, um sich zu verständigen. Kaum hatten Svenja und Pauline Platz genommen, riss Tobias die Tür zum Klassenzimmer auf. Er sah sich um. Seine Augen blieben an Svenja hängen. Dann steuerte er direkt auf sie zu.
„Bist du wieder ganz gesund?“, fragte er. Dabei setzte er sich halb auf ihren Tisch und beugte sich zu Svenja hin.
„Na klar, wieso?“, fragte sie. Plötzlich fiel ihr ein, dass sie ihre Verabredung ja abgesagt hatte, weil sie angeblich krank war. Schnell hüstelte sie in wenig.

„Ich meine, ja, ich bin wieder richtig fit."
Tobias musterte sie irritiert.
„Wollen wir das Eis essen nachholen? Oder hattest du in Wirklichkeit keine Lust, dich mit mir zu treffen?"
Tobias redete nicht lange um den heißen Brei herum. Das brachte Svenja ganz schön ins Schwitzen.
„Natürlich habe ich Lust. Ich konnte gestern wirklich nicht."
Schnell hüstelte Svenja noch einmal.
An ihrem rechten Arm spürte sie etwas. Sie schaute zur Seite. Pauline war ganz nah an sie herangerutscht. Ihren Kopf hatte sie etwas zu ihr hin geneigt. Als sie sah, dass Svenja sie anschaute, rückte sie schnell wieder auf ihren Platz.
„Heute muss ich zum Fußballtraining. Aber wie wäre es mit morgen?"
Svenja nickte. Bis dahin hatte sie bestimmt wieder Geld. Vielleicht konnte sie sich ja von Pauline etwas leihen. Oder Oma anrufen. Für ihre Enkeltochter tat sie fast alles. Oder Mama gab ihr doch noch Taschengeld. Dann war eine Einladung auf ein Eis kein Problem.
„Gut, dann Samstag. Passt dir vier?"

Wieder nickte Svenja.
„Hast du Lust, dich dann richtig mit mir zu unterhalten?“, fragte Tobias und lächelte sie verschmitzt an.
Gerade wollte Svenja nickten. Aber dann fiel ihr auf, dass das ein Witz von Tobias war.
Sie grinste schief.
Als Herr Breitenfels den Raum betrat, zwinkerte Tobias ihr noch schnell zu.
Dann setzte er sich auf seinen Platz.

„Was wollte Tobias denn von dir?“, flüsterte Pauline halblaut in Svenjas Ohr. Sie hatte wohl kein Wort von dem verstanden, was er vorhin zu Svenja gesagt hatte.
„Erzähl ich dir nach der Schule“, zischte Svenja. Schließlich mussten sie jetzt aufpassen, was der Breitenfels zu sagen hatte.
„Meine Damen und Herren, ich habe euch den versprochenen Sketch mitgebracht. Gebt mal den Text durch.“
Herr Breitenfels wedelte gut gelaunt mit einem Bündel Papiere. Alle Schüler fingen gleich neugierig an zu lesen, als das Blatt vor ihnen lag.

„Pauline, fass doch mal den Inhalt des Stücks für uns zusammen", forderte Herr Breitenfels auf. Pauline seufzte und sah Svenja augenrollend an. Vor der ganzen Klasse zu sprechen, lag ihr nicht besonders. „Ich dachte, du sollst die Hauptrolle spielen. Und jetzt soll ich die Geschichtenerzählerin sein", flüsterte Pauline Svenja zu. Dann fing sie an, den Sketch nachzuerzählen.
„Es geht um Rosi, eine alte Landstreicherin. Die will einen schicken Mann in der Stadt ansprechen. Weil sie Kleingeld braucht. Weil der Mann Rosi aus Versehen seine Cola über die Klamotten gießt, will er sich schließlich entschuldigen. Die Landstreicherin lässt sich das was kosten. Die beiden landen in einem Nobelrestaurant. Beim Essen blamiert sich dann der schicke Mann und nicht die Landstreicherin. Echt lustig, die Geschichte", beendete Pauline ihre Zusammenfassung. Alle anderen stimmten ihr zu. Bestimmt kam der Sketch gut beim Sommerfest an.
„Svenja, du spielst Rosi. Das hatten wir ja schon vereinbart. Dann brauchen wir noch den feinen Herrn, Fußgänger und einen Kellner im Restaurant."

Herr Breitenfels sah sich in der Klasse um. Susanne, Pit, Verena, Simon und Gabriel wollten mitspielen.

„Alle Schauspieler kommen bitte nach vorne." Svenja stand auf und stellte sich mit den anderen vor die Tafel. Theater spielen machte ihr wirklich Spaß. Sie freute sich schon richtig auf die Proben und natürlich auf die Aufführung.
„Bevor wir die Rollen anspielen, möchte ich noch einige Ideen mit euch sammeln. Warum denkt ihr, braucht die Landstreicherin Geld? Was denkt sich der feine Mann? Was muss man beim Spielen dieser Rollen beachten?"
Gabriel, der vorne neben Svenja stand, lehnte sich lässig an die Wand.
„Ich finde, man muss das alles sehr krass spielen", sagte er.
„Wie meinst du denn das?", fragte Herr Breitenfels nach.
„Also, diese Rosi braucht bestimmt Geld, weil sie Hartz IV bekommt und ihre ganze Kohle versoffen hat. Deshalb sollte Svenja am Anfang so herumtorkeln. Besoffen, meine ich."

Svenja sah Gabriel entsetzt an.
„Guck nicht so. Die meisten Penner sind Säufer. Und umgekehrt. Die sind doch alle selbst Schuld, wenn es ihnen so dreckig geht", erklärte ihr Gabriel grinsend.
Svenja schluckte. Sie hatte das Gefühl, als hätte ihr jemand mitten ins Gesicht geschlagen. Plötzlich brannten ihr die Tränen in den Augen. Sie konnte sich das nicht länger anhören. Sie musste raus!
„Das sind Vorurteile, die du da hast", mischte sich Herr Breitenfels ein. Aber Svenja hörte das schon gar nicht mehr. Sie rannte aus dem Klassenzimmer und schmiss die Tür hinter sich zu. Als das Knallen zu hören war, liefen ihr schon die ersten Tränen über die Wangen. Sie rannte den Flur entlang, so schnell sie konnte. Am Ende des Ganges kam sie bei den Toiletten an. Schnell schlüpfte sie durch die Tür und schloss sich in einer Kabine ein. Svenja ließ sich auf den Klodeckel fallen. Das Gesicht verbarg sie in ihren Händen. Dann schluchzte sie laut los. Sie zitterte am ganzen Körper und bekam kaum Luft.

Plötzlich klopfte es an der Tür ihrer Toiletten-
kabine.
„Svenja, bist du da drin?“
Pauline stand im Mädchenklo.
Herr Breitenfels hatte ihr erlaubt,
nach Svenja zu schauen.
„Was ist denn los mit dir?“
Pauline redete mit ruhiger Stimme. Dann wartete sie ab. Svenja schniefte. Langsam beruhigte sie sich wieder. Als keine Tränen mehr kamen, riss ein Stück Klopapier ab. Damit putzte sie sich die Nase. Ihre Hände zitterten noch etwas, als sie die Tür aufschloss. Ohne etwas zu sagen, nahm Pauline sie in den Arm. Beinahe hätte Svenja wieder angefangen, zu heulen. Ihre Freundin streichelte ihr beruhigend über den Rücken.
„Du hast schon länger etwas, oder?“, fragte Pauline schließlich.
Svenja nickte zögernd.
„Magst du nicht endlich darüber reden?“
Svenja zuckte mit ihren Schultern.
„Ist es wegen deiner Mutter?“
Svenja sah Pauline mit großen Augen an.
Wie konnte Pauline das wissen? Sie hatte doch nie darüber gesprochen.

„Du hast in letzter Zeit oft Ärger mit ihr, oder?“, fragte Pauline vorsichtig nach.
Svenja nickte zögernd.
„Seitdem Papa weg ist …“, fing sie stockend an zu erzählen.
„Du vermisst ihn schrecklich, stimmt’s?“, vermutete Pauline.
„Ja, das auch.“
„Aber warum bist du dann vorhin aus dem Klassenzimmer gelaufen?“
„Weil ich bei Gabriels Worten daran denken musste, dass …“
„Ach, der ist doch sowieso ein Blödmann“, unterbrach sie Pauline.
„Schon, aber mich hat das daran erinnert, wie es momentan bei mir zu Hause …“
Wieder unterbrach Pauline sie.
„Du meinst, der feine Herr hat dich an deinen Vater erinnert? Ja, ich kann schon verstehen, dass dir das zuviel wird.“
Svenja sah ihre Freundin verwirrt an. Dann schüttelte sie langsam den Kopf. Ihre Freundin hatte nichts verstanden.
„Versuch, jetzt einfach nicht mehr daran zu denken. Wir sollten zurück zu den anderen gehen.“

Svenja blieb wie angewurzelt stehen. Sie konnte ihre Beine einfach nicht bewegen. Ihr war es schrecklich peinlich, ins Klassenzimmer zurückzugehen.
„Und wenn jetzt alle lachen?“, fragte sie leise. Vor Angst zitterten ihre Hände.
Pauline hakte sich bei Svenja unter.
„Komm, zusammen schaffen wir das.“
Dann gingen die beiden langsam los.
Svenja wurde rot im Gesicht, als sie den Klassenraum betraten. Alle starrten sie an.
Nur Tobias lächelte ihr aufmunternd zu.
„Ist wieder alles in Ordnung mit dir?“, fragte Herr Breitenfels.
Svenja nickte und setzte sich schnell neben Pauline auf ihren Platz.
„Komm doch bitte nach der Schule noch kurz zu mir“, bat der Lehrer. Dann redete er gleich weiter.
„Ich glaube, der Sketch war von mir nicht so gut gewählt. Wir sollten uns etwas anderes überlegen.“
„Wie wäre es mit dem kurzen Stück vom letzten Jahr? Das haben bisher nur die aus der fünften Klasse an ihrem Einführungstag gesehen“, schlug Susanne vor.

Herr Breitenfels überlegte. Einige andere Schüler stimmten dem Vorschlag murmelnd zu.
„Gut, dann spielen wir das Stück einfach noch einmal. Da könnt ihr den Text hoffentlich alle noch. Svenja, traust du dir zu, darin dann wieder die Hauptrolle zu spielen?"
Svenja nickte.
„Alles, bloß keine Säuferin spielen",
dachte sie.

8

Svenja stand vor dem Lehrerpult. Nervös trat sie von einem Fuß auf den anderen. Herr Breitenfels sah sie prüfend an.
„So, der feine Herr aus dem Sketch hat dich an deinen Vater erinnert“, wiederholte er Svenjas Worte. Sie nickte. Svenja hatte einfach Paulines Einfall verwendet. Das war vielleicht ein bisschen weniger eine Lüge.
„Du bist in letzter Zeit so ruhig. Das ist mir aufgefallen.“
Svenja sah sich ihre Füße an. Sie wackelte in ihren Flipflops mit den Zehen. Vielleicht sollte sie sich ihre Nägel mal wieder lackieren? Dann blickte sie vorsichtig auf.
„Wenn du ein Problem hast, kannst du jederzeit damit zu mir kommen.“
Herr Breitenfels lächelte Svenja aufmunternd an.
„Danke“, murmelte sie. „Brauchen Sie mich noch?“
Herr Breitenfels schüttelte den Kopf.
„Du kannst gehen. Aber denk über mein Angebot nach.“
„Mach ich“, antwortete Svenja hastig.

„Ein schönes Wochenende", verabschiedete sie sich und ging schnell aus dem Klassenzimmer.

Vor der Schule wartete Pauline auf Svenja. „Hast du die Predigt vom Breitenfels überstanden?", fragte sie grinsend. Bevor Svenja etwas darauf sagen konnte, redete Pauline schon weiter.
„Du wolltest mir doch noch erzählen, was Tobias von dir wollte."
Eigentlich hatte Svenja keine rechte Lust, Pauline davon zu erzählen. Das mit Tobias gehörte irgendwie ihr ganz alleine. Aber vielleicht fing Pauline dann wieder mit dem anderen Thema an. Und das wollte Svenja noch weniger.
„Tobias will sich mit mir auf ein Eis treffen", sagte sie deshalb.
Pauline fing an zu kreischen.
„Ein Date! Voll krass! Ich hab gewusst, dass Tobias auf dich steht. Das sieht ja auch ein Blinder."
Pauline klimperte mit ihren Augen und seufzte tief.

„Ach, ist das romantisch. Wann ist denn eure Verabredung?"
„Morgen. Im ‚Venezia'."
Pauline kreischte schon wieder. Diesmal noch ein bisschen lauter.
„Da könnt ihr euch einen ‚Liebeszauber' bestellen. Das ist ein Eisbecher für zwei. Mit Zuckerherzchen als Streusel."
Svenja boxte ihre Freundin leicht in die Seite.
„Was ziehst du überhaupt an? Schminkst du dich?"
Pauline war kaum zu bremsen. Svenja fragte sich, wer von ihnen beiden eigentlich das Date hatte.
„Am Sonntag treffen wir uns bei mir.
Ich will dann alle Einzelheiten wissen.
Einverstanden?"
„Na gut. Am Sonntagnachmittag bei dir", willigte Svenja schließlich ein.
„Tschüss, bis übermorgen", flötete Pauline.
Dann ging jede der beiden in ihre Richtung nach Hause.

Svenja saß schließlich doch vor ihrem Kleiderschrank. Sie wollte sich für das

Treffen mit Tobias zwar nicht verkleiden. Aber sie wollte ihm schon gefallen. Im Moment konnte sie sich allerdings für nichts entscheiden.
„Ich warte einfach ab, wie morgen das Wetter wird“, dachte Svenja. Sie hatte das Fenster geöffnet und schaute hinaus. Plötzlich wurde Svenja von einem Knall aus ihren Gedanken gerissen. Sie rannte in den Flur, um nachzusehen, woher der Lärm kam. Die Wohnungstür war krachend zugefallen. Das musste der Luftzug gewesen sein. Ihre Mutter stand im Flur. Sie ließ ihre Tasche kraftlos auf den Boden sinken. Erst jetzt bemerkte Svenja, dass sie zitterte. Dann hörte sie ihre Mutter schluchzen. Erst ganz leise. Dann etwas lauter.
„Was ist denn los?“, fragte Svenja. Jetzt fing ihre Mutter richtig an, zu weinen. Svenja kramte in ihrer Hosentasche und fischte ein Taschentuch heraus. Das hielt sie ihrer Mutter hin. Dankbar griff diese danach. Langsam beruhigte sie sich wieder.
„Svenja, ich muss mir dir reden.“

Sie gingen in die Küche. Svenjas Mutter setzte sich auf einen Stuhl. Sie zeigte mit ihrer Hand auf den Stuhl neben sich. Svenja ließ sich darauf fallen und sah ihre Mutter erwartungsvoll an.
„Mein Chef, der Herr Barth, du weißt schon...“, fing die Mutter stockend an, zu erzählen.
„Bei dem ich dich neulich krank gemeldet habe?“, fragte Svenja. Ihre Mutter nickte.
„Ich wurde heute in sein Büro gerufen. Er hat mir mitgeteilt, dass er nicht besonders zufrieden mit mir ist.“
„Weil du in letzter Zeit so oft gefehlt hast?“
„Das auch. Aber er hat auch gesagt, er glaubt, dass ich ein Problem mit...“
Svenjas Mutter redete nicht weiter. Stattdessen fing sie wieder an zu weinen.
„Dass du ein Problem mit Alkohol hast?“
Svenjas Mutter zuckte mit den Schultern.
„Vielleicht werde ich entlassen. Ich habe ihn angefleht, mir noch eine Chance zu geben. Ich muss das in den Griff bekommen. Wir brauchen das Geld. Wovon sollen wir sonst leben?“
„Ich sollte sie trösten“, dachte Svenja. Aber sie spürte nur eine schreckliche Wut in ihrem

Bauch. Sie konnte einfach keine netten Worte in ihrem Kopf finden. Ihr Ärger musste einfach raus. Sonst würde sie vor Wut platzen!
„Das kommt alles von dieser blöden Sauferei. Hör endlich auf damit!“, schrie sie.
Klatsch! Svenjas Mutter war aufgesprungen und hatte sie mitten ins Gesicht geschlagen. Verblüfft fasste sich Svenja an ihre Wange. Langsam fing die Stelle an, zu brennen. Fassungslos starrte sie ihre Mutter an. Dann stand Svenja wortlos auf und verließ die Küche. Sie ging in ihr Zimmer und schloss die Tür. Svenja zog ihren Stuhl heran und stellt ihn davor. Die Lehne schob sie unter die Türklinke.

Später klopfte es an Svenjas Tür.
Sie versuchte, einfach nicht hinzuhören.
Aber das gelang ihr nicht.
„Svenja, bitte mach auf“, bat ihre Mutter.
Nein, Svenja konnte jetzt nicht mit ihrer Mutter sprechen.
„Es tut mir schrecklich leid, hörst du.“
Ja, Svenja hörte es. Trotzdem rührte sie sich nicht. Sie wollte ihre Mutter im Moment nicht

sehen. Svenja tastete ihre Wange ab. Sie tat noch ein bisschen weh. Aber viel schlimmer fühlte es sich in ihrem Bauch an. Ihre Mutter hatte sie wirklich verletzt.
„Ich wollte wirklich nicht zuschlagen. Gerade jetzt, wo ich nicht mehr trinke, muss mir das passieren."
Svenja griff nach ihrem MP3-Player und steckte sich die Knöpfe in ihre Ohren. Dann drehte sie die Musik auf. Sie wollte einfach ihre Ruhe haben.

Bis zum Samstagnachmittag ging Svenja kaum aus ihrem Zimmer. Um halb vier schlich sie sich in die Küche. Ihre Mutter war nirgendwo zu sehen. Sie legte einen Zettel auf den Tisch. Darauf hatte sie geschrieben: „Bin in der Stadt. Treffe mich mit Freunden." Mehr musste ihre Mutter nicht wissen. Sie hatte vor, am frühen Abend wieder zu Hause zu sein. Jetzt wollte sie sich mit Tobias treffen. Gestern Morgen in der Schule hatte sie noch ein Kribbeln im Bauch gehabt, als Tobias mit ihr sprach. Aber im Moment fühlte sie sich irgendwie betäubt. Wie in Watte gepackt.

Alle schlechten Gedanken hatte Svenja weggepackt. In eine hintere Ecke in ihrem Kopf. Sie wollte einen schönen Nachmittag mit Tobias verbringen.

9

„Toll, dass du heute gesund und munter bist.“

Tobias saß schon an einem Tisch vor dem Eiscafé, als Svenja kam. Sein Fahrrad lehnte an einer Straßenlaterne. Er grinste übers ganze Gesicht. Svenja versuchte, über seinen Witz zu lachen. Aber es sah wohl eher aus wie eine Grimasse.

„Hey, war nicht so gemeint.“

Tobias hatte gemerkt, dass der Witz daneben gegangen war.

„Ich freu mich, dass du da bist.“

Svenja setzte sich ihm gegenüber. Dann nahm sie die Eiskarte und fing an, zu lesen.

„Wie wäre es, wenn du mich auf einen Schokoladenbecher einlädst?“, fragte Tobias und leckte sich genießerisch über die Lippen.

Oh, nein! Svenja wurde ganz heiß. Ihr fiel ein, dass sie sich nicht um Geld gekümmert hatte.

„Du bist ja ganz blass. Findest du Schoko so schlimm?“

„Nein, aber…“

Svenja überlegte krampfhaft, wie sie sich jetzt herausreden konnte. Tobias lächelte sie

an. Svenja fasste einen Entschluss: „Keine Schwindeleien!“
Sie holte tief Luft.
„Ich habe mein Geld vergessen. Ist mir gerade eingefallen. Tut mir leid.“ Das war zwar nur die halbe Wahrheit. Aber immerhin.
„Macht nichts. Dann zahle ich heute für uns beide. Und das nächste Mal zahlst du.“ Für Tobias war das kein Problem. Svenja sah ihn erleichtert an. Da fiel ihr auf, was er eben gesagt hatte. „Das nächste Mal“, das klang nach mehr. Jetzt fing das Kribbeln in Svenjas Bauch doch noch an.

Svenja lachte und lachte. Tobias versuchte gerade, Herrn Breitenfels nachzumachen. Das sah wirklich komisch aus. Seit einer Stunde fühlte sich Svenja richtig gut.
Sie hatten geredet und vor allem gelacht.
Gut, dass sie zu dem Treffen gegangen war.
„Wirklich schade, aber ich muss jetzt nach Hause.“
Svenja sah Tobias etwas enttäuscht an.
Die Zeit mit ihm war wie im Flug vergangen.
„Mein Vater kommt in einer Stunde von der

Arbeit. Und ich bin heute mit Kochen dran."
„Du kannst kochen?", fragte Svenja verblüfft.
„Natürlich. Ich will auch mal Koch werden."
Das fand Svenja toll. Tobias wusste, was er wollte.
„Mein Vater arbeitet als Krankenpfleger. Er ist auf einer Station mit Suchtpatienten. Da hat er Schichtdienst und ist anschließend echt geschlaucht. Und weil wir zwei nun mal alleine leben, muss Mann sich eben um das Essen kümmern."
Tobias grinste, streckte einen Arm hoch und fasste sich an seinen Bizeps.
„Starke Männer schaffen das."
Bei dem Scherz von Tobias hatte Svenja gar nicht richtig zugehört. In ihrem Kopf hallte ständig ein Wort wider: „Suchtpatienten".

„Was macht dein Vater denn da so alles mit diesen Patienten?", fragte Svenja. Sie bemühte sich, dass ihre Frage ganz harmlos klang.
„Na, er hilft den Patienten, damit sie schaffen, zum Beispiel von ihrer Alkoholkrankheit loszukommen."

Svenja sah Tobias an. „Krankheit“ hatte er das Saufen genannt.
„Er ist für alles Mögliche zuständig. Medikamente ausgeben. Zuhören. Manchmal ist er auch bei Treffen von Gesprächsgruppen dabei.“
Interessiert beugte sich Svenja näher zu Tobias hin.
„Welche Gruppen?“, fragte sie so beiläufig wie möglich.
„Selbsthilfegruppen heißen die. Es gibt welche für die Patienten. Aber auch für Angehörige. Find ich echt gut. Ich glaube, das hilft denen wirklich weiter.“
Svenja nickte nachdenklich. Tobias nannte Alkoholsucht eine Krankheit. Und es gab Gruppen, wo man sich Hilfe holen konnte. Vielleicht sollte sie mal im Internet nachsehen, was sie darüber finden konnte? Tobias direkt zu fragen, traute sie sich nicht. Tobias’ Stimme riss sie aus ihren Gedanken.
„Jetzt muss ich aber los. Treffen wir uns wieder?“
Er sah Svenja erwartungsvoll an.
„Na klar. Aber dann lad ich dich ein“, versprach Svenja.

„Das will ich auch hoffen“, lachte Tobias und ging hinein zur Kasse.
Als er wieder aus dem Café heraus kam, winkte er ihr noch kurz zu und schwang sich dann auf sein Fahrrad. Svenja blieb noch einen Augenblick sitzen. Sie hatte ganz weiche Knie. In ihrem Kopf purzelten tausend Gedanken durcheinander. Einer davon hieß „Tobias“, ein anderer „Alkoholkrankheit“.

Zu Hause setzte Svenja sich erst einmal ins Wohnzimmer. Dort stand der Computer. Auf dem Heimweg hatte sie sich vorgenommen, „Alkoholsucht“ in einer Suchmaschine einzugeben. Volltreffer! Auf dem Bildschirm erschienen über 100 000 Ergebnisse. Svenja klickte sich weiter. Selbsthilfegruppen. Davon hatte Tobias gesprochen. Beratungsstellen, in denen man sich Auskünfte und Hilfe holen konnte. Ob sie das einmal ausprobieren sollte? Sie las und las. Über Alkohol und wie er wirkte. Über Süchtige, die es geschafft hatten, vom Alkohol loszukommen. Und über Familien, in denen Alkoholkranke lebten.
Es gab wirklich noch viele andere, denen

es so ging wie ihr. Svenja musste über einiges nachdenken. Sie fuhr den Computer herunter und verzog sich wieder in ihr Zimmer.

10

Auf der Fensterbank machte sie es sich gemütlich. Draußen auf dem Flur konnte sie ihre Mutter hören. Die Küchentür klackte. Dann waren wieder Schritte zu hören. Nun fiel die Tür direkt neben Svenjas Zimmer ins Schloss. Ihre Mutter war also im Schlafzimmer verschwunden. Vielleicht sollte Svenja mit ihr reden. Die Ohrfeige hatte sie jedenfalls schon fast vergessen. Schwamm drüber. Immerhin hatte ihre Mutter im Augenblick echte Sorgen. Ob sie ihr auch von den Dingen erzählen sollte, die sie von Tobias erfahren und im Internet nachgelesen hatte? Svenja stand auf und schlich sich in die Küche. Sie hatte einen ganz trockenen Mund. Bevor sie bei Mama an der Tür klopfte, wollte sie noch einen Schluck trinken. Svenja sah sich um. Auf dem Küchentisch stand kein Mineralwasser. Sie öffnete den Kühlschrank. Auch darin war keine Flasche mehr.

„Na gut, dann hol ich eben Wasser aus dem Keller“, murmelte Svenja. Sie zog die Tür vom Schrank unter der Spüle auf, um den Flaschenkorb zu holen. Dabei stieß sie an etwas, das hinter dem Korb stand. Es klirrte leise. Svenja bückte sich, um nachzusehen, was es war. Ganz hinten im Schrank stand eine Flasche. Sie war aus dickem Glas. Die Etiketten fehlten. Svenja zog sie heraus und stellte sie vor sich auf die Spüle. Die Flasche war halb voll. Die Flüssigkeit war durchsichtig. Svenja schraubte den Deckel ab. Obwohl sie eigentlich schon wusste, was drin war, schnupperte sie. Es roch scharf und stechend. In der Flasche war Schnaps.

Svenja stand wie versteinert vor der Spüle und starrte auf die Flasche. Ihre Mutter hatte also wieder getrunken. Svenja überlegte nicht lange. Sie griff nach der Flasche. Und drehte sie über der Spüle einfach um. Der Alkohol schwappte in kleinen Güssen heraus. Im Spülbecken drehte die Flüssigkeit noch einen kleinen Kreis. Dann verschwand sie durch den Abfluss. Weg. Das war gut so. Svenja stellte die Flasche hart auf die Ablage der Küche. Es schepperte.

„Und was jetzt?“, überlegte Svenja. Auf ein friedliches Gespräch mit ihrer Mutter hatte sie keine Lust mehr. Svenja versank plötzlich wieder in einem Strudel von Gefühlen. Ärger, Enttäuschung, Traurigkeit, Wut. Sie musste sich erst einmal beruhigen. Sie schnappte sich den Flaschenkorb. Nach den vielen Stufen in den Keller und wieder hoch konnte sie vielleicht wieder klar denken. Den Griff des Korbes hängte sich Svenja in die linke Armbeuge. Dann ging sie mit zittrigen Beinen zur Wohnungstür. Als sie die Hand nach der Klinke ausstreckte, hörte sie hinter sich ihre Mutter aus dem Schlafzimmer kommen. Schnell zog Svenja die Wohnungstür auf. Ihre Mutter ging in die Küche. Svenja wollte einen Schritt nach draußen machen. Plötzlich erstarrte sie. Oh nein! Vor ihr im Treppenhaus stand Pauline.

Dann passierte alles gleichzeitig. Pauline fing an zu sprechen.
„Ich war einfach so neugierig, wie dein Date mit Tobias war. Da konnte ich nicht bis morgen warten. Ich dachte, ich komm einfach mal schnell vorbei."
Svenja nickte und schüttelte dann den Kopf.

„Das geht jetzt aber nicht“, stotterte sie.
„Svenja!“
Aus der Wohnung dröhnte die Stimme der Mutter.
„Ich muss wieder rein“, sagte Svenja mit kratziger Stimme.
„Hast du Stress mit deiner Mutter?“, flüsterte Pauline.
„Svenja!“, schrie ihre Mutter wieder. Es klang sehr wütend.
„Wir treffen uns morgen“, presste Svenja hastig hervor.
Ihre Mutter erschien im Flur. Svenja wandte sich halb um. Sie sah, wie Mama auf sie zu wankte. In der Hand hielt sie die leere Schnapsflasche. Schnell wollte Svenja die Wohnungstür zudrücken. Aber dazu kam sie nicht mehr.
„Hallo, Frau Richter“, grüßte Pauline höflich.
Svenjas Mutter nahm sie gar nicht wahr.
„Was erlaubst du dir eigentlich, an meine Sachen zu gehen?“, lallte Svenjas Mutter.
Sie schwenkte dabei die Flasche in der Luft.
„Mama, bitte sei doch still“, flüsterte Svenja.
„Das hast du mir nicht vorzuschreiben!“, schrie ihre Mutter. Sie hob die Flasche

drohend hoch. Dabei knallte diese an die Wand im Flur. Es klirrte. Svenja zuckte zusammen. Die Flasche zersprang. Tausend Scherben flogen durch die Luft. Eine davon traf Svenja an der Wange. Aber das war ihr im Moment egal.

„So eine Scheiße“, heulte Svenjas Mutter los. Wankend drehte sie sich um. Sie torkelte zurück in ihr Schlafzimmer. Bei jedem Schritt, den sie machte, trat sie auf Glasscherben. Dabei knirschte es.

„Bitte geh jetzt“, sagte Svenja zu Pauline, ohne sie anzusehen. Sie drückte die Wohnungstür einfach zu, ohne weiter auf Pauline zu achten. Dann bückte sich Svenja und begann vorsichtig, die Scherben vom Boden aufzusammeln. Ihre Wange blutete.

Der Sonntag war sonst immer gelb. Jedenfalls stellte Svenja sich das so vor. Gelb, weil er schulfrei, ohne Aufgaben in der Wohnung und einfach gemütlich war. Svenja mochte Sonntage besonders gerne. Diesen Sonntag hasste Svenja. Er war grau. Oder schlammfarben.

Sie saß auf der Fensterbank und starrte hinaus. Seit dem Vorfall gestern wusste sie nicht mehr, wie es weitergehen sollte. Auf ihrer Wange brannte ein langer Schnitt. Den hatte die Glasscherbe von gestern hinterlassen. Svenja tastete vorsichtig danach.
Sie war schrecklich wütend auf ihre Mutter. Gleichzeitig hatte sie auch etwas Angst vor ihr. Und was würde Pauline jetzt von ihr denken? In diesem Augenblick piepste ihr Handy. Svenja zog es aus ihrer Hosentasche und warf einen Blick darauf.
Eine neue Nachricht. Svenja drückte auf „Anzeigen".
„Hallo Sveni, komm doch vorbei! Bitte! Hdl, Pauli."
Nein, das würde Svenja auf keinen Fall tun. Ihr war alles so peinlich. Svenja schaltete ihr Handy aus und legte es auf ihren Schreibtisch. Sie konnte jetzt niemanden sehen oder hören. Pauline nicht. Und ihre Mutter erst recht nicht. Dafür sorgte wieder der Stuhl vor ihrer Zimmertür. Svenja wollte am liebsten nie wieder jemanden sehen und mit jemandem sprechen. Sie schloss die Augen. Vielleicht konnte sie sich ja einfach in Luft auflösen.

11

Als am Montag in aller Frühe der Wecker klingelte, überlegte Svenja, ob sie wirklich aufstehen sollte. Am liebsten hätte sie heute einfach die Schule geschwänzt. Und sich weiterhin in ihrem Zimmer verkrochen. Svenja seufzte. Sie schwang langsam ihre Beine aus dem Bett. Vielleicht war es ganz gut, aus der Wohnung herauszukommen. Svenja entschied sich für eine Katzenwäsche und zog sich schnell an. Dann verließ sie ohne Frühstück und Gruß die Wohnung.

Vor der Schule wartete Pauline. Damit hatte Svenja schon gerechnet.

„Ich habe das ganze Wochenende versucht, dich zu erreichen."

„Der Akku von meinem Handy war leer", antwortete Svenja wie aus der Pistole geschossen. Ausreden hatte sie irgendwie immer besonders schnell zur Hand.

„Ich muss mit dir reden Svenja."

„Lass es einfach gut sein. Komm, wir gehen ins Klassenzimmer", schlug Svenja vor.

„Ich habe mit meiner Mutter über deine Probleme gesprochen."
„Du hast was?", fragte Svenja entsetzt.
„Ich bin deine Freundin. Und darum möchte ich dir helfen."
Svenja schwieg. Sie sah ihre Freundin nur an.
„Deine Mutter trinkt. Meine Mutter hat vorgeschlagen, dass wir mit Herrn Breitenfels reden sollen."
„Nein, auf keinen Fall!", antwortete Svenja sofort. Sie wollte nicht, dass sie zum Problemfall wurde.
„Svenja, bitte! Alleine kannst du ihr und dir nicht helfen."
Svenja sagte nichts. Sie blickte nur auf ihre Zehen.
Pauline streckte ihren Arm aus. Vorsichtig berührte sie den langen Schnitt an Svenjas Backe.
„Tut's weh?", fragte Pauline besorgt.
Jetzt konnte Svenja einfach nicht mehr. Sie fing an, zu schluchzen.
Pauline nahm ihre Freundin in den Arm.
Hinter ihnen spazierten Schüler vorbei in Richtung Schulgebäude. Manche blickten neugierig zu den Mädchen hinüber.

Aber die beiden Freundinnen beachteten sie gar nicht.

Herr Breitenfels saß im Lehrerzimmer, als Svenja und Pauline klopften.
„Was kann ich für euch tun?“, fragte er freundlich.
Svenja trat nervös von einem Fuß auf den anderen. Sie brachte kein Wort heraus.
Darum fing Pauline an, zu sprechen.
„Svenja hat echt ein Problem.“
Sie stupste Svenja freundlich an. Herr Breitenfels wartete geduldig.
Svenja atmete tief ein. Sie nahm ihren ganzen Mut zusammen und räusperte sich.
„Ich brauche Ihre Hilfe.“
Herr Breitenfels sah Svenja ernst an. Dann nickte er und wartete.
„Also, ich habe ein Problem. Oder genauer meine Mutter. Und ich.“ In Svenjas Kopf ging alles durcheinander. Sie machte eine kurze Pause, um ihre Gedanken zu sortieren.
Herr Breitenfels und Pauline ließen ihr Zeit.
„Tobias hat mir erzählt, dass Leute, die zu viel trinken, krank sind und in einer Klinik

behandelt werden“, fuhr Svenja fort. „Ich glaube, meine Mutter hat so eine Krankheit.“
Jetzt war es raus! Svenja atmete erleichtert aus.
„Du meinst, deine Mutter ist Alkoholikerin?“, fragte Herr Breitenfels vorsichtig nach.
Svenja nickte.
„Ja. Sie trinkt. Und das ist schlimm. Für uns beide, meine ich.“
Pauline sah ein bisschen erschrocken aus. So ehrlich hatte ihre Freundin noch nie darüber gesprochen.
Jetzt, wo es einmal ausgesprochen war, fiel Svenja das Reden leichter. Sie schilderte Herrn Breitenfels und Pauline, was in den letzten Wochen bei ihr zu Hause alles passiert war.
„Es war sehr mutig von dir, mir das zu erzählen“, meinte Herr Breitenfels. „Und es war richtig so. Ich möchte dir gerne helfen. Aber dazu brauche ich etwas Zeit zum Nachdenken.“
Svenja nickte. Das kannte sie gut. Wenn man erst einmal ratlos war, dann musste man gründlich nachdenken, wie es weitergehen könnte.

„Komm doch bitte am Ende des Schultags noch einmal bei mir vorbei. Bis dahin habe ich mich informiert und weiß bestimmt mehr."
„Ja … und danke", sagte Svenja schnell. Dann hakte sie sich bei Pauline ein und zog ihre Freundin zur Tür. Irgendwie fühlte sich Svenja richtig leicht. Als ob sie einen riesigen Felsbrocken bei Herrn Breitenfels gelassen hätte.

12

An diesem Nachmittag erwartete Svenja Besuch. Als es klingelte, rannte sie zur Wohnungstür, um sie zu öffnen. Ihre Mutter saß in der Küche. Dorthin führte sie ihre Besucher.

„Guten Tag, Frau Richter", begrüßte Herr Breitenfels Svenjas Mutter. Auch Frau Kramer und Pauline waren gekommen.

Sie schüttelten ihrer Mutter die Hand.

„Hallo, Frau Richter."

Paulines Stimme klang etwas nervös.

Sie stellte sich neben Svenja und griff nach ihrer Hand. Dann setzten sich alle um den Küchentisch herum.

„Was wollen Sie denn? Hat Svenja etwas ausgefressen?"

Svenjas Mutter starrte die Besucher an.

„Frau Richter, wir sind hier, um Ihnen und Ihrer Tochter zu helfen", begann Herr Breitenfels.

„Was soll das denn werden? Wir brauchen keine Hilfe."

Entsetzt sah Svenjas Mutter von einem zum anderen.
„Brigitte …“, versuchte sich nun Paulines Mutter, zu Wort zu melden. Aber Svenja unterbrach sie.
„Doch Mama. Wir brauchen Hilfe. Du trinkst.“
„Jetzt reicht es aber. Du gehst zu anderen Leuten und erzählst ihnen so einen Blödsinn über mich?“, stieß Svenjas Mutter zornig hervor.
„Du bist abhängig. Alkoholsucht ist eine Krankheit. Das habe ich im Internet nachgelesen.“
„So, so, das Fräulein hat sich schlau gemacht.“
Die Stimme von Svenjas Mutter klang jetzt eisig.
„Dir geht es immer schlechter. Und mir auch.“
Svenja sah ihre Mutter fest an. Dabei drückte sie die Hand von Pauline, um sich Mut zu machen.
„Das ist doch Quatsch, Svenja.“ Mutter schüttelte den Kopf.
„Nein, es ist ernst. Denk an Samstag. Und an die Tage davor.“
Svenja hielt dem Blick ihrer Mutter stand.

Beide sahen sich lange an.
„Frau Richter, keiner ist hier, um sie als schlechte Mutter oder Versagerin hinzustellen. Aber Sie haben wirklich ein Problem."
Herr Breitenfels sah Svenjas Mutter freundlich an.
„Nur weil ich hin und wieder ein Gläschen trinke, habe ich doch kein Problem mit Alkohol", verteidigte sich Svenjas Mutter.
„Mama, du hast mir so oft versprochen, damit aufzuhören. Und nie hast du dein Versprechen gehalten."
Svenja sprach weiterhin mit fester Stimme. Dass Pauline, Frau Kramer und Herr Breitenfels da waren, half ihr dabei.
„Ich weiß, dass ich mit dem Trinken aufhören sollte", lenkte Svenjas Mutter ein. „Aber so schlimm ist das nun auch wieder nicht."
Ihre Stimme klang nun nicht mehr ärgerlich. Sie sprach leise und unsicher.
„Doch Mama. Es ist sehr schlimm. Für dich und für mich. Bitte lass dir helfen."
Svenjas Mutter schwieg.

„Frau Richter, es gibt Kliniken, in denen man Hilfe bekommt. Dort kann man einen Entzug machen."
Herr Breitenfels versuchte, Svenja zu unterstützen.
„Ich soll in die Klapse, oder was?"
„Nein, Brigitte. Es gibt in verschiedenen Kliniken Entgiftungsstationen. Dort wird man dabei unterstützt, ohne Alkohol auszukommen", antwortete Paulines Mutter.
„Mama, du musst in so eine Klinik gehen. Bitte!"
Svenja sah ihre Mutter flehend an.
„Ich schaffe das auch alleine", flüsterte Svenjas Mutter.
„Nein, das hast du doch schon so oft versucht. Jetzt ist es Zeit, dir helfen zu lassen."
„So können Sie sich selbst und Svenja am besten helfen", meinte Herr Breitenfels. „Was soll denn aus Ihnen beiden werden, wenn Sie Ihre Arbeit verlieren? Und soll Svenja sich weiterhin ständig um Sie kümmern müssen, anstatt ihr eigenes Leben zu führen?"
„Versuch es, Brigitte. Vielleicht sieht die Welt dann in ein paar Wochen schon ganz anders aus", ermutigte Paulines Mutter.

„Und was bitte schön passiert mit Svenja, während ich weg bin?“, fragte ihre Mutter. Pauline beantwortete die Frage.
„Svenja kann doch übergangsweise bei uns wohnen. Nur solange Sie in der Klinik sind. Oder Mama?“
Paulines Mutter nickte.
Alle schwiegen. Es herrschte eine lange Pause. Schließlich sah Svenjas Mutter ihre Tochter ernst an. Dann nickte sie. Erst ganz zaghaft. Dann sagte sie mit fester Stimme:
„Gut, ich werde es versuchen.“
„Danke, Mama“, flüsterte Svenja.

Am Dienstag war Sommerfest. Der Sketch der Klasse war gut angekommen. Es herrschte eine lockere und ausgelassene Stimmung. Svenja war ohne ihre Mutter gekommen. Die hatte einen Gesprächstermin in der Klinik. Sie hatten an dem Nachmittag noch lange miteinander geredet. Herr Breitenfels und Frau Kramer hatten Svenjas Mutter bei den anstehenden Gesprächen mit ihrem Arbeitgeber und dem Hausarzt unterstützt. Der hatte dann die Klinik vor-

geschlagen, bei der sie heute den Termin hatte.
Svenjas gepackter Koffer lag bei Paulines Mutter im Auto. Auch wenn Mama erst in ein paar Wochen einen Platz für eine Entgiftung bekam, wollte Svenja schon mal Ferien bei Pauline machen. Sie freute sich schon auf die Woche.
„Hallo Svenja. Du hast deine Rolle toll gespielt."
Svenja drehte sich um. Hinter ihr stand Tobias. Er hatte sich vorhin den Sketch der Klasse als Zuschauer angesehen. Und besonders laut Beifall geklatscht. Svenja grinste verlegen.
„Darf ich dich dafür auf ein Eis einladen?"
„Nein, ich bin mit dem Einladen dran", sagte Svenja schnell. „Was hältst du von zwei Kugeln Schokolade?"
„Sehr lecker."
Tobias verdrehte schwärmerisch die Augen. Dann fingen beide an zu lachen.

K.L.A.R. – Kurz. Leicht. Aktuell. Real.

Kurze, einfache Texte zu aktuellen Themen – dafür stehen die Romane aus der K.L.A.R.-Reihe. Taschenbücher, die spannend und leicht verständlich sind, machen Lust aufs Lesen!

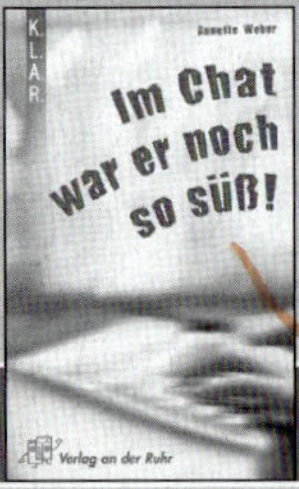

Im Chat war er noch so süß!

Annette Weber
12–16 J., 95 S.,
12 x 19 cm, Paperback
ISBN 978-3-8346-0065-3
Best.-Nr. 60065
5,– € (D)/
5,15 € (A)/9,30 CHF

Sauf ruhig weiter, wenn du meinst!

Annette Weber
12–16 J., 85 S.,
12 x 19 cm, Paperback
ISBN 978-3-86072-875-8
Best.-Nr. 2875
5,– € (D)/
5,15 € (A)/9,30 CHF

Und schneller als die Bullen waren wir auch!

Kurt Wasserfall
12–16 J., 105 S.,
12 x 19 cm, Paperback
ISBN 978-3-8346-0168-1
Best.-Nr. 60168
5,– € (D)/
5,15 € (A)/9,30 CHF

Aber ich bin doch selbst noch ein Kind!

Annette Weber
12–16 J., 97 S.,
12 x 19 cm, Paperback
ISBN 978-3-86072-977-9
Best.-Nr. 2977
5,– € (D)/
5,15 € (A)/9,30 CHF

Merkt doch keiner, wenn ich schwänze.

Annette Weber
12–16 J., 97 S.,
12 x 19 cm, Paperback
ISBN 978-3-8346-0036-3
Best.-Nr. 60036
5,– € (D)/
5,15 € (A)/9,30 CHF

Bist du schwul, oder was!

Frank G. Pohl
12–16 J., 106 S.,
12 x 19 cm, Paperback
ISBN 978-3-8346-0444-6
Best.-Nr. 60444
5,– € (D)/
5,15 € (A)/9,30 CHF